KB108729

칼퇴를 부르는
회사 영어

칼퇴를 부르는 회사 영어

발행일 2019년 8월 12일

지은이 정소영
펴낸이 손형국
펴낸곳 (주)북랩
편집인 선일영 편집 오경진, 강대건, 최예은, 최승헌, 김경무
디자인 이현수, 김민하, 한수희, 김윤주, 허지혜 제작 박기성, 황동현, 구성우, 장홍석
마케팅 김회란, 박진관, 조하라, 장은별
출판등록 2004. 12. 1(제2012-000051호)
주소 서울시 금천구 가산디지털 1로 168, 우림라이온스밸리 B동 B113, 114호
홈페이지 www.book.co.kr
전화번호 (02)2026-5777 팩스 (02)2026-5747

ISBN 979-11-6299-824-3 13740 (종이책) 979-11-6299-825-0 15740 (전자책)

(CIP 제어번호: CIP2019030787)

칼퇴를 부르는 회사 영어

정소영 지음

북랩book Lab

머리말

약 10년 전, 정말 아무것도 모르던 대학교 4학년 시절, 여름 방학 인턴십으로 나의 사회 생활이 시작되었다. 두 달간의 인턴십으로 시작한 이 스위스 외국계 회사와의 인연은 10년이 지난 올해가 되어서야 끝났다. '한 회사에서 10년을 어떻게 일하지?' 생각했던 그 시절이 까마득하다. 3년간의 한국 지사 근무 후 나는 싱가포르에 있는 아시아 본사로 발령을 받게 되었다. 바쁜 출장 스케줄과 MBA 수업으로 인한 4년 반의 치열한 삶 후에는 홍콩 지사의 한 부서장이자 임원으로 2년 동안 근무했다. 그리고 딱 10년이 되는 올해, 나는 이 회사를 떠났다. 돌이켜보면 10년 동안 정말 많은 배움이 있었다. 내 열정과 젊음을 바쳤던 회사, 나에게 영감을 주었던 멋진 리더들을 떠나는 것이 결코 쉬운 결정이 아니었지만, 내 또 다른 열정을 위해서 용기를 냈다.

처음 해외에서 일하게 되었을 때, 설렘보다 두려움으로 가득했던 스물일곱 살의 내가 생각난다.

물론 업무에 관한 걱정도 있었지만 두려움의 한편을 차지한 것은 바로 '영어'였다. 사실 한국에서 나는 영어 잘한다는 소리를 곧잘 들었다. 물론 원어민도 아니고 해외에서 산 적도 없었지만, 한국인 치고 영어를 잘한다는 소리였다. 초등학교 때 우연히 시작했던 영어 그룹 과외는 나에게 영어의 흥미를 갖게 해 주었다. 중학교 때도 그 흥미는 사라지지 않았고 결국 외고까지 가게 되었다. 대학교 때는 미국의 문화를 느껴 보고 싶어서 무작정 교환학생 프로그램에 신청해 미국 캘리포니아의 한 대학에서 두 학기를 보냈다. 이렇게 영어는 나에게 취미이자 삶의 일부분이었다.

그러나 '그냥 영어로 대화하는 것'과 '영어로 말을 잘하는 것'의 차이를 알기 때문에 나는 내 영어가 충분하지 않을 것을 분명히 알고 있었다. 아니나 다를까, 실제 싱가포르에서 근무를 하면서 영어로 회의를 진행하고, 발표하고, 때로는 영어로 싸워서 이겨야 하는 상황에 놓이면서 영어를 더 잘하고 싶다는 열망은 더 높아졌다. 내가 할 수 있는 것은 딱 하나밖에 없었다. 계속 공부하고 연구하는 것. 테드 강연을 보거나 스티브 잡스의 연설 같은 유명한 연설문들을 보고 따라 하기도 했고, 영어로 발표를 해야 하는 경우에는 리허설에 많은 시간을 할애했다. 모르는 단어, 새로 듣는 표현은 꼭 사전을 찾아보고 단어장에 정리했다. '아는 만큼 보인다'라는 말이 있듯이 공부를 하면 할수록 언어를 갈고닦는 것에는 정말 끝이 없다는 것을 수도 없이 느꼈다.

안타깝지만 아직까지도 한국인들의 영어에 대한 평판은 그리 좋지 않다. 영어에 대한 학구열이 정말 높은데도 불구하고 참 아이러니한 상황이다. 그래서 그런지 나는 정말 잘하고 싶었다. '한국인치고 잘한다'가 아니라 정말 '원어민처럼 잘한다'는 말을 듣고 싶었다. 아직도 부족함을 느끼고 그렇기 때문에 계속 공부하고 있지만, 나처럼 영어에 대한 열망이 크고 영어를 통해 회의하고 업무를 해야 하는 사람들을 위해서 지금까지 내가 수집했던 많은 지식을 나누고 싶었다.

대다수의 한국인들은 국제 회의에서 그들의 의견을 공유하는 데 매우 소극적이다. 회의나 토론이라는 자리가 낯설어서일 수도 있지만, 영어에 대한 자신감 부족 또한 소극적으로 행동하는 이유의 하나일 것이다.

업무적으로 뛰어난 한국 사람이 영어 때문에 그 능력을 발휘하지 못할 때, 더 좋은 기회를 놓칠 때가 나는 참으로 안타깝다. 더 나아가 영어가 상대방과의 신뢰를 쌓거나 리더로서의 진면목을 보이는 데 큰 장애물이 되는 경우가 많은 것도 불편한 진실이다. 물론 평생 한국에서 일한다면 영어는 꼭 필수가 아닐 수도 있다. 그러나 국제 사회에서, 외국계 회사에서 자신의 역량을 마음껏 펼치고 싶은 열정이 있는 누군가에게 도움이 되고 싶었다. 사실 영어 표현을 아는 것보다는 그 자리에 맞는 화법을 구사하는 것이 훨씬 중요하지만, 작은 것부터 시작하자는 마음으로 도움이 될 만한 표현들을 소셜 미디어 계정에 올린 지 어느덧 일 년이 지났다. 그중에 회사에서 유용한 문장들을 정리하여 이 책을 출간하게 되었다.

Part 01에는 퍼실리테이터(Facilitator)로서 수백 번의 작고 큰 회의를 진행하면서 배웠던 표현들이나 기술들, 또는 회의의 참석자로서 멋지게 사용할 수 있는 표현들을 중점적으로 담았다. 또 싱가포르에서 한 미국 대학의 경영 전문 대학원(Executive MBA) 과정 중 토론하면서 배웠던 표현들도 담았다.

Part 02에는 회의 상황 외에 일상적인 회사 생활에 유용한 문장을 정리했다. 문장 그대로 익혀서 실제 상황에 적용해 볼 수 있을 것이다. 또한 중간중간에 개인적인 경험이나 영어 공부에 관련한 팁도 넣어 보았다.

그 외에도 실제 회사에서 자주 쓰이는 기본적인 어휘나 표현들은 Part 03에서 찾아볼 수 있다.

이 책은 기초 문법에 대한 설명을 담고 있지 않다. 그렇기 때문에 어느 정도 수준의 영어 실력을 가진 분들 중 특히나 당장 영어로 회의를 진행하거나 해외 생활을 해야 하는 분들께 이 책을 추천한다.

처음에는 써 보고 싶은 몇 가지 표현들을 기억하고 연습해 두었다가 회사에서, 일상생활에서 써 보자. 그러다 보면 나중에는 자연스럽게 이 책에 담긴 많은 표현들을 힘들이지 않고 쓰는 자신을 발견하게 될 것이다.

All right. Let's get started!

2019년 8월

정소영

일러두기

1. 발음 기호

영어의 정확한 발음을 아는 것은 아주 중요하다. 나도 완전한 영어권 나라에서 지낸 것은 미국 교환학생 시절 10개월밖에 되지 않기 때문에 꾸준히 발음 공부를 하는 편이고 아직도 쉽지 않다. 영상 자료를 사용할 수 없기 때문에 각 표현마다 발음을 위한 발음 기호를 추가하였다. 설명에 나오는 영영 사전의 뜻은 표현에 따라 다양한 사전에서 추출하였지만, 단어의 발음은 일관성을 위해 『Macmillan Dictionary』의 American Accent 표준 발음으로 담았다.

사전에 따라 쓰이는 발음 기호에 다소 차이가 있기 때문에 이해를 돕기 위해 『Macmillan Dictionary』에서 쓰이는 발음 기호를 다음 페이지에 정리해 보았다. 발음을 글로 배우는 것은 절대 불가능한 일이라고 생각하여 발음에 대한 설명은 생략하였다. 필요한 경우 따로 발음 공부를 하는 것을 추천한다. 다음 예시 단어들의 정확한 원어민 발음은 Macmillan Dictionary 웹사이트(www.macmillandictionary.com)에서 들을 수 있다. 자신이 추구하는 발음에 따라

웹사이트의 옵션(페이지 상단 메뉴에서 More을 선택하면 Options를 찾을 수 있다)에서 American 또는 British accent를 선택해 보자.

모음

음소	예시 단어	음소	예시 단어
[ɪ]	live	[oʊ]	over
[i]	leave	[eɪ]	eight
[e]	red	[ɔɪ]	oil
[æ]	apple	[aɪ]	mine
[ʌ]	what	[aʊ]	mouth
[ə]	asleep	[ər]	farmer
[ʊ]	would	[ɜr]	purple
[u]	cool		
[ɔ]	tall		
[ɑ]	top		

자음

무성음 음소	예시 단어	유성음 음소	예시 단어
[p]	pot	[b]	ball
[t]	telephone	[d]	deer
[k]	cow	[g]	ago
[f]	food	[v]	voice
[θ]	thing	[ð]	that
[s]	miss	[z]	zipper
[ʃ]	shoe	[ʒ]	beige
[tʃ]	watch	[dʒ]	cage
		[h]	happy
		[m]	mask
		[n]	pin
		[ŋ]	ring
		[l]	late
		[r]	rope
		[w]	wide
		[j]	yes
		[h]	happy

2. 품사 기호

Part 02와 Part 03의 영영 사전 부분에 품사를 이니셜로 표시해 두었다. 각 이니셜의 뜻은 다음과 같다.

- CN COUNTABLE NOUN
- UN UNCOUNTABLE NOUN
- PN PLURAL NOUN
- A ADJECTIVE
- AD ADVERB
- V VERB
- P PHRASE
- PV PHRASAL VERB

CONTENTS

PART

칼퇴를 부르는 회의 영어

회사를 다니다 보면 발표를 해야 하는 경우도 많고, 크고 작은 회의를 주관해야 하는 경우도 많다. 내가 다니던 회사는 매년 2회씩 16개 나라의 대표 수백 명이 모여 논의하는 지역 회의(Regional Meeting)를 열었다.

지사의 대표로 참가했을 때는 그저 발표 내용을 듣고 이해하는 정도만 되어도 충분했지만 아시아 본사에서 일할 때는 그 회의들을 직접 진행하는 퍼실리테이터가 되어야 했다. 처음에는 긴장도 되고 거의 20여 개국의 다양한 영어 발음을 다 이해하기가 쉽지 않았다. 특히 익숙하지 않았던 인도나 파키스탄의 영어들은 한참이 지나서야 다 들을 수 있게 되었다. 4년 반의 혹독한(?) 경험 후에는 이제 영어 발음만 들어도 어느 나라 사람인지 분간할 수 있는 경지에 이르렀다.

회의 진행은 한국어로 해도 쉽지 않다. 그래서 영어로 회의를 진행해야 하는 경우가 생기면 굉장히 긴장하게 된다. 이런 경우 영어 실력도 중요하지만 회의 진행에 필요한 기술과 함께 자주 쓰이는 다양한 표현을 익혀 두면 아주 도움이 된다.

시작 전에 한 가지 말해 둘 것은 회사의 분위기 또는 회의의 특성에 따라 굉장히 캐주얼(Casual)한 회의 스타일도 있고 더 포멀

(Formal)한 회의 스타일도 있다는 점이다. 캐주얼한 회의는 사실 일상생활에서의 표현들을 사용할 수 있기 때문에 Part 01에서는 좀 더 공적이고 큰 회의에서 사용할 수 있는 표현들을 담았다. 외국계 회사의 경우 모든 나라의 대표들이 모여서 회의를 하는 지역 회의(Regional Meeting)나 각 나라 사장단의 리더십 팀 미팅(Leadership Team meeting)이 있기 마련인데 그런 분위기의 회의에서 쓸 수 있다.

그럼 각설하고 "Let's get down to business".

1. 회의 시작하기/발표자 소개하기

❶ The first topic is ~ The first order of business is ~

첫 번째 사안은

간단한 인사말을 한 후에 회의를 본격적으로 시작하고 싶다면 첫 번째 안건은 어떻게 소개할 수 있을까?
간단하게 **the first topic is ~**라고 할 수도 있다. 그 외에 **the first order of business is ~**이라고도 할 수 있다. 직역하면 '일의 첫 번째 순서'라는 뜻으로 회의에서는 '먼저 다룰 첫 번째 사안은'이라는 뜻으로 쓰인다. 이 표현은 회의 순서를 말할 때뿐만 아니라 회사에서 처리해야 할 첫 번째 문제를 말할 때도 쓰인다.

The first topic *on the agenda is HR updates.*
첫 번째 사안은 인사 관련 업데이트입니다.

❷ Without further ado 더 이상의 지체 없이

대규모의 회의인 경우 보통 빔 프로젝터를 이용한 발표를 동반하는 것이 일반적이다. 발표자를 소개하거나 실제로 자신이 발표를 시작할 때 "더 이상의 지체 없이, 발표를 시작하겠습니다"라고 말하고 싶다면 영어로 어떻게 표현하는 것이 좋을까?
이럴 때는 **without further ado**를 써 보자. 비슷한 표현으로 **without further delay**도 있다. 실제 내가 참석했던 많은 회의에서는 **without further ado**가 지배적으로 많이 쓰였다.

이 표현은 자신이 발표자일 때도 유용하게 쓸 수 있지만 다른 발표자를 소개할 때도 유용한 아주 고급스럽게 사용할 수 있는 표현이다.

Without further ado, *let me start my presentation.*
더 이상의 지체 없이 발표를 시작하겠습니다.

Without further ado, *let me give the stage to Mr. Litt.*
더 이상의 지체 없이 Mr. Litt에게 무대를 넘기겠습니다.

2. 화제 전환하기

❶ Next topic is ~ 다음 안건은

다음 안건을 소개할 때도 위의 표현을 응용하여 **next topic is ~** 라고 할 수 있다.

*Moving on, **the next topic is** business updates.*

넘어가서, 다음 안건은 비즈니스 업데이트입니다.

❷ Switch gears 화제를 전환하다

change topics라고 할 수도 있지만 이렇게 표현할 수도 있다. **switch gears**는 직역하면 '기어를 바꾸다'라는 뜻이고 실제로 그런 상황에서도 쓰이지만 회사에서는 '화제를 전환하다'라는 뜻으로 쓸 수 있다.

*Let's **switch gears** a little bit and move on to the next topic on the agenda.*

화제 전환을 해서 다음 안건으로 넘어가겠습니다.

참고로 얘기하고 싶지 않은 걸 다른 사람이 자꾸 물어볼 때 "우리 딴 얘기 하자"라고 하고 싶다면 "Let's change the subject"라고 한다.

❸ Coming up next is ~ 다음 안건은

구어체 표현으로 흔하게 사용된다.

***Coming up next** is financial updates.*

다음은 재정 관련한 업데이트입니다.

❹ Let's segue into the next topic 다음 안건으로 들어가자

segue는 이탈리아어에서 유래되었으며 이 동사는 자연스럽게 다른 안건으로 넘어가자고 할 때 쓰인다. 발음이 [ˈsegweɪ]인 것에 주의하자.
명사로 다음과 같이 쓸 수도 있다.

*This comment is a good **segue** into the next topic.*

다음 안건을 소개하기에 알맞은 의견이네요.

3. 의견 말하기

대부분이 알고 있는 **in my opinion**뿐만 아니라 의견을 말할 때 쓸 수 있는 여러 가지 패턴이나 단어들을 알아보자.

❶ My take on ~ is ~에 대한 나의 입장은

take는 명사로 '입장'이라는 의미도 가진다. 따라서 **one's take on**은 '~에 대한 ~의 입장'이라는 뜻이 된다. 비슷한 단어로 **position, stance**가 있다.

*A: What's **your take on** this?*

이것에 대한 너의 입장은 어때?

*B: **My take on** this problem is that we need to streamline[1] our internal processes.*

이 문제에 대한 저의 입장은 우리 내부 프로세스를 간소화해야 한다는 것입니다.

❷ I would like to add to that point 그 점에 관해서 첨언할게(덧붙일게)

이미 언급된 사항이나 다른 사람의 의견에 내 의견을 추가하고 싶을 때 사용된다.

1 streamline: 간소화하다.

__To add to that point,__ I think we need to revisit how we are running our internship program.

그 점에 덧붙이자면, 우리 인턴십 프로그램 진행 방식에 대해 다시 생각해봐야 할 것 같아.

❸ To my understanding To my knowledge

제가 알기로는

자신이 아는 한에서 설명을 한다는 것을 강조하고 싶을 때 쓸 수 있다. **as far as I know**라고 표현할 수도 있다.

A: What is the reason for downsizing the branch?

그 지점 규모를 축소하는 이유가 뭐예요?

B: __To my understanding,__ they failed to meet the profit target last quarter.

제가 알기로는, 지난 분기 이익 목표 달성에 실패했어요.

말을 잘하는 데 중요한 요소 중 하나가 문장과 문장을 자연스럽게 연결하거나 전환하는 능력이다. 다음 ❹의 여러 가지 표현들을 익혀 보자.

❹ Speaking of which
Speaking of that

그래서 말인데, 말이 나왔으니 말인데

A: 30 people RSVP-ed. We are going to have to order a lot of food.

30명이나 온다고 회신했어. 음식 많이 시켜야겠다.

B: Speaking of which, It's past 1. Let's go grab some food first.

말이 나왔으니 말인데, 1시 넘었다. 뭐 좀 먹고 하자.

which와 that 대신 아래 예문과 같이 특정한 명사를 쓸 수도 있다.

***Speaking of** airfares, I have found an app that sells the cheapest last minute deals.*

항공표 값 말이 나와서 말인데, 정말 싼 땡처리 표 파는 애플리케이션을 발견했어.

❺ Having said that
That being said

그렇게 말하긴 했지만, 그렇긴 하지만

having said that을 직역하면 '그렇게 말했으나'라는 뜻으로 보통 방금 전 말한 것의 반대되는 정보를 전달할 때 쓸 수 있다. '다른 사람의 의견은 이해한다, 그렇지만 내 의견은 이러하다'라고 말할 때도 유용하게 쓸 수 있는 표현이다.

I really appreciate your proposal. ***Having said that,*** *I do have concerns regarding the timeline.*

제안 내용 너무 고마워. 그렇긴 하지만, 타임라인에 관련해서 우려가 되는 점이 있어.

Having said that, *I am not opposed to postponing the meeting.*

그렇게 말하긴 했지만, 회의 연기하는 것에 반대하는 건 아니야.

❻ Looking back In hindsight

지나고 나서 보니

경험하고 나서 지나고 보니 깨닫게 되는 것들을 이야기할 때 쓸 수 있다.

In hindsight, *we weren't ready.*

지나고 나서 보니, 우리는 준비가 안 되어 있었던 것 같아.

❼ (As it) turns out 알고 보니까

어떤 사실이 원래 알던 내용과 다른 경우 아니면 좀 더 알고 보니 흥미로운 사실을 발견하는 경우에 쓸 수 있다.

Turns out, *he is paid way more than the rest of us.*

알고 보니까, 그 사람이 우리들보다 훨씬 돈 많이 받더라고.

4. 의견 물어보기

진행자로서 회의 참석자의 의견을 물어보거나 추가 설명을 요구해야 하는 경우가 있다. 그럴 때는 이런 표현들을 사용해 보자.

❶ What are your thoughts on ~?
~에 대해 어떻게 생각해?

흔히 쓰이는 **What is your opinion about ~?, What do you think of ~?**와 같은 뜻으로 쓰일 수 있는 표현으로 '생각'을 뜻하는 명사의 복수형 **thoughts**를 사용한다.

***What are your thoughts on** Tim?*

Tim 어떻게 생각해?

❷ How did you find ~? ~ 어땠어?

find는 '찾다'라는 뜻 외에도 '생각하다'라는 뜻이 있다

***How did you find** his presentation?*

그 사람 발표 어땠어?

❸ Can you elaborate on it?

좀 더 구체적으로 설명해 줄래?

elaborate는 동사로 '자세히 말하다'라는 뜻으로 회의 참석자가 어떤 의견을 이야기했는데 구체적인 내용이 부족했다거나 이해를 위해 부가 설명이 필요할 때 아주 흔하게 쓰이는 표현이다.

Can you elaborate on *your idea a little bit?*

너의 의견을 좀 더 자세히 설명해 줄래?

❹ Can you give us more details?

세부 사항에 대해 좀 더 알려 줄래?

"Could you explain it in detail?", "Can you give us more specifics?", "Can you be more specific?" 등도 비슷하게 쓰일 수 있다.

Can you give us more details on *features of the next version?*

다음 버전이 포함하는 기능에 대해 세부적으로 말해 줄래?

❺ I will open the floor to questions The floor is open to questions

질문 받겠습니다

질문을 받는다는 표현을 **open the floor**라고 할 수 있다.

Thank you Mr. Park for the presentation. Now, ***the floor is open*** *to questions.*

Mr. Park 발표 감사합니다. 이제 질문 받겠습니다.

5. 의견이나 질문에 대해 반응하기

내가 주재하는 회의 중 누군가가 질문을 하거나 의견을 낸다면 감사 인사를 잊지 말자. 감사 표현을 하고 싶을 때 단순히 "Thank you" 대신에 이런 표현들을 추가해 보면 더 고급스러운 영어를 구사한다는 평을 들을 것이다.

❶ Thank you for bringing that up

그 얘기 꺼내 줘서 고마워

'화제를 꺼내다', '상기시키다'라는 표현을 할 때는 **bring** 또는 **bring up**이라는 표현을 자주 쓴다. **mention**은 '언급하다'라는 뜻으로 좀 더 격식을 갖춘 단어이고 이 또한 자주 쓰인다. **bring something up** 또는 **bring (up) to someone or someone's attention**이라는 표현을 종종 들을 수 있을 것이다. 기억해 두자.

Thank you for ***bringing*** *that* ***up.***

그 말을 꺼내 주셔서 감사합니다.

Thank you for ***bringing*** *it* ***to my attention.***

그걸 상기시켜 주셔서 감사합니다.

❷ Put in the parking lot 따로 적어 놓다

큰 회의에서 바로 대답이 어려운 질문이 나왔을 경우 화이트 보드나 플립 차트에 적어 놓는데 이런 경우 **parking lot**에 넣는다는 표현을 쓴다. '주차장'이라는 뜻이지만 여기서는 '적어 놓다', '대답을 찾기 위해 기억해 놓다' 정도의 뜻이 된다. 차가 주차장에 주차되어 있는 것처럼 '대기시켜 놓다' 같은 의미라고 생각하면 쉽다.
parkinglot 또는 **park**를 동사로 쓰기도 한다.

답변자: *I don't have an answer to that question now.*

지금은 그 질문에 대한 답변을 드릴 수가 없습니다.

진행자: *We will **put** that **in the parking lot** and get back to you later.*

따로 적어 놓았다가 나중에 대답을 알려드리겠습니다.

질문자: *No problem.*

그러죠.

*Let's **park** this item.*

이 사항은 따로 적어 놓자.

상황에 따라 "따로 얘기합시다"라는 뜻으로 "Let's take it offline"이라는 표현을 쓸 수도 있다. 자세한 설명은 Part 02에서 알아보도록 하자.

6. 동의하기

다른 사람의 의견에 동의할 때는 어떻게 말하면 될까? 사실 한 단어로 동의하기가 가능하다. 다른 사람이 의견을 말했을 때 다음처럼 말해보자.

❶ Exactly!
Absolutely!
Definitely!

맞아요!

완전히 동의하거나 당신의 말이 맞는다는 표현이다.

❷ Agree with ~ ~와 동의하다
Agree on ~ ~에 대해 동의하다

'동의하다'의 뜻으로 가장 흔하게 쓰는 표현이다.

*I couldn't **agree with** you more.*

(더 이상 동의할 수 없어요 →) 아주 동의해요.

*I thought this was something we already **agreed on.***

이거 이미 동의한 사항이라고 생각했는데.

❸ Be with someone on something 동의하다

간단하게 "I am with someone"라고 말해도 누구와 동의한다는 뜻이 되지만 '~에 대해 동의한다'고 덧붙이려면 **I am with someone on ~**라고 하면 된다.

A: He needs to deliver a better outcome.

그는 더 좋은 결과물을 들고 와야 해요.

*B: I **am with you on** that.*

당신과 동의해요.

❹ You make a point 일리가 있어

다른 사람의 의견에 '일리가 있다'라고 말할 때는 **make a point**라고 하면 된다. 보통 **point** 앞에 형용사 등을 넣어서 쓰기도 하는데 "You make a good point", "She makes an excellent point" 등의 표현들을 쓰면 된다. 또는 "That is a good point", "I see your point" 등으로 말할 수도 있다.

*You **make an** excellent **point.***

아주 일리가 있네요.

❺ Make sense 말이 된다

make sense도 정말 많이 쓰이는 표현이다. 동의할 때도 이를 사용할 수 있다.

*It definitely **makes sense.***

그거 완전 말 되네요.

7. 반대하기

반대 의견을 남의 기분이 나쁘지 않게 말하는 것이 진정한 기술이다. 영어 실력이 부족하다 보면 본의 아니게 직설적으로 말하게 된다. 그런 이유로 회의하다 분위기가 싸해지는 경우가 있다.

특히 **but**이나 **however** 같은 부정적인 단어는 되도록이면 피하도록 하자. 예문으로 한번 알아보자.

I agree on the overall direction. The part ***I think a little bit differently about is*** *the promotional channel.*

전체적인 방향에 동의합니다. 제가 약간 다르게 생각하는 부분은 홍보 채널에 관한 것입니다.

이렇게 부정적인 말 없이도 반대하는 의견을 잘 전달할 수 있다.

❶ You might want to~ ~하는 게 좋다.

높은 사람과의 대화에서 반대하거나 제안을 해야 하는 경우는 **should**나 **have to**보다 **You might want to ~**(~ 하는 게 좋다) 같은 표현을 쓰면 조금 더 부드러운 제안이 된다.

__You might want to__ reconsider this option.

이 옵션을 다시 고려해 보는 것이 좋을 것 같아요.

반대로 "~ 안 하는 게 좋아"라고 할 때는 **You don't want to ~**라고 표현할 수도 있다.

❷ Potentially 아마도

potentially 같은 부사를 쓰면 좀 더 예의 바르게 들릴 수 있다. **potentially**는 '가능성이 있게'라는 뜻이지만 여기서는 '아마도' 정도로 해석하는 게 자연스럽다.

They __potentially__ need to recalibrate their thoughts.[2]

그들은 아마도 그들의 생각을 재조정할 필요가 있어요.

❸ Challenge 이의를 제기하다

challenge는 '도전'이라는 뜻으로 많이들 알고 있지만 여기서는 '이의를 제기하다' 정도의 뜻으로 쓰인다. "I do not agree with you"나 "I disagree with you" 대신에 쓸 수 있다.

I would like to __challenge__ that point.

그것에 대해서 이의를 제기하고 싶습니다.

2 recalibrate a thought: 재고하다, 생각을 재조정하다.

❹ With all due respect

너의 의견은 존중하지만(무슨 말씀인지는 알겠습니다만)

누군가 불합리적인 일을 시키는 경우, 또는 누구의 의견에 반대해야 하는 경우 쓸 수 있는 정중한 표현이다.

With all due respect, *I think this is beyond my responsibilities.*

너의 의견은 존중하지만, 이건 내 책임 밖의 일인 것 같아.

❺ I see where you are coming from

무슨 말인지 알겠어

다른 사람의 의견에 동의하지 않더라도 자신이 가지고 있는 반대 의견을 말하기 전에 다른 사람의 의견을 인정(Acknowledge)하는 것이 중요하다. 이럴 때 쓸 수 있는 표현이다. 직역하면 '네가 어디서 오는지 알겠어'라는 뜻이지만 의역하면 '그 말의 배경이나 의도를 이해한다', 즉 '무슨 말인지 알겠어'라는 뜻이다. 이 문장 뒤에 반대 의견인 '그렇긴 하지만 나는 다른 의견이 있다'는 의미의 문장이 따라올 수 있다.

I see where you are coming from. *I am afraid this is not something I can do within a day.*

무슨 말인지는 알겠는데 이건 하루 만에 할 수 있는 일이 아니야.

비슷한 표현으로 "I hear what you are saying"도 쓸 수 있다.

I hear what you are saying. *I am just not comfortable with the pace we are at.*

무슨 말인지 알겠어. 나는 우리 진행 속도가 그렇게 맘에 들지는 않아.

두 표현 다 뒤에 반대 의견이 오지 않으면 그냥 '무슨 말인지 이해한다'는 긍정의 의미로도 쓸 수 있다.

❻ to play devil's advocate

일부러 반론을 하자면

이 표현은 한국 사람들에게는 다소 생소할 수 있지만 일상적으로 이야기할 때나 회의할 때 종종 쓰이는 표현이다.
예를 들어 어떤 직원이 나에게 CEO 앞에서 발표할 내용을 리허설(Rehearsal)하면서 조언을 구한다고 하자. 나는 그 직원이 빈틈없이 준비할 수 있도록 CEO의 입장에서 반론하거나 질문할 것들을 물어봐서 그 직원의 도전 의식을 북돋울(Challenge) 것이다.
이럴 때 원어민들이 쓰는 말이 **to play devil's advocate**인데, 직역하면 '악마의 지지자 역할을 하면'이라는 재미있는 뜻이 된다. 실제로 동의를 하더라도 상대방이 좀 더 깊게 생각하고 철저히 준비하는 것을 도우려고 '일부러 반대 역할을 하다'라는 뜻이다. 좀 더 건설적인 논의를 위해 어려운 질문을 던질 때도 쓸 수 있다.

*Don't take this the wrong way. I am just **playing devil's advocate** here so that you are fully prepared for any questions that might come up.*

오해하지 마. 난 네가 어떤 질문에도 준비될 수 있도록 일부러 반론을 하는 거야.

***To play devil's advocate,** wouldn't the corporate challenge us for being too safe with our next year target?*

일부러 반론을 하자면, 본사에서 우리 내년 목표가 너무 쉽다고 문제를 제기하지 않을까?

*I have asked Dan to **play devil's advocate against** Mike's bills, assemble some arguments, you know what people might say against it and stuff.*

Dan한테 일부러 Mike의 법안에 대해 일부러 반대 역할을 하라고 했어. 논점들을 좀 모아 보라고, 그러니까 사람들이 그것에 대해 반대해서 뭐라고 말할지 등등 말이야.

8. 의견이나 질문 요약하기

한바탕의 토론이 끝난 후에는 진행자로서 지금까지의 회의 내용을 요약해서 마무리하는 것이 아주 중요하다. 그럴 때 유용하게 쓰이는 몇 가지 표현을 정리해 보았다.

❶ Let me summarize ~ ~를 요약하다

독자들에게 가장 익숙할 수 있는 표현으로 '요약하다'라는 뜻의 **summarize**라는 동사를 쓸 수 있다.

Let me summarize *what has been discussed so far.*

지금까지 논의된 내용을 요약하겠습니다.

❷ Let me recap ~ ~를 재정리하다

recap은 '재정리하다', '요약하다'라는 뜻을 가진 **recapitulate**의 단축형으로 실제 상황에서는 **recapitulate**보다 **recap**이 훨씬 더 많이 쓰인다.

Let me recap *briefly what we have decided before we move on to the next topic.*

다음 안건으로 넘어가기 전에 우리가 결정한 것을 간단히 요약해 보겠습니다.

To recap, *we have not found the root cause*[3] *yet.*

요약하자면, 우리는 아직 근본 원인을 찾지 못했습니다.

❸ In a nutshell 아주 간단히 말하자면

nutshell은 견과류의 껍질이다. **in a nutshell**은 이 작은 견과류의 껍질에 넣는다는 뜻으로, '아주 간단하게', '간단명료하게'라는 의미이다.

In a nutshell*, we have no idea why he did what he did.*

아주 간단히 말하자면, 우리는 그가 왜 그런 짓을 했는지 모르겠어.

3 root cause: 근본 원인.

9. 박수 유도하기

발표나 회의를 진행하는 경우 청중의 박수를 유도해야 하는 경우가 있다. "Jenny에게 박수 부탁드립니다"를 표현할 수 있는 세 가지 표현을 알아보자.

❶ Please give Jenny a round of applause

applause는 '박수 갈채'라는 뜻으로 보통 **give ~ a round of applause**로 쓰이며, '박수 갈채 한번 부탁드립니다"라는 뜻을 나타낸다.
참고로 **clap**이라는 단어에도 '박수', '박수치다'라는 뜻이 있는데 이것이 박수치는 행동 자체를 말하는 거라면 **applause**는 '박수를 통한 칭찬'이라는 뜻이 담겨 있다.

*Please **give** yourselves **a round of applause.***
너희 스스로에게 큰 박수 부탁해.

*Everyone, let's **give** Tim **a round of applause.***
여러분, Tim에게 박수 부탁드립니다.

❷ Let's give Jenny a big hand

give ~ a big hand를 직역하면 '큰 손을 주세요'라는 뜻이지만 이 표현은 '큰 박수 부탁드립니다'의 또 다른 표현이다.
참고로 **give ~ a hand**에는 '~에게 도움을 주다'라는 뜻도 있다.

*All right, let's **give** Rob **a big hand** for being so brave.*
자, 모두들 Rob에게 용감하다는 의미로 박수쳐 줍시다.

❸ Give it up for Jenny

마지막 표현은 세 가지 표현 중 제일 간단하고 캐주얼한 표현이다.
보통 **give up**은 '포기하다'라고 알려져 있는데 **give it up for ~**는 '~에게 박수!'라는 뜻으로 쓰일 수 있다. 누구에게(for ~) 박수(it)를 주라는(give up) 뜻이다.

*Let's **give it up for** this guy. Give it up!*
이 사람한테 박수쳐 줍시다. 박수!

10. 연자에게 감사 표시하기

❶ This is a small token of my appreciation
This is a gesture of my gratitude

큰 회의나 심포지엄의 경우 초청된 특별 연자(Keynote speaker)에게 감사의 표시로 선물을 하는 경우도 있다. 위의 문장들은 "이건 작은 감사의 표시야"라는 의미를 가진 표현들이다.
여기서 **token**과 **gesture**는 둘 다 '표시'라는 뜻이고, **appreciation**과 **gratitude**는 '감사', '고마움'의 뜻이다. **a token of gratitude**나 **a token of thanks**라고 표현하기도 한다.

*A: This is **a small token of my appreciation.***

작은 감사의 표시야.

B: Oh you shouldn't have. Thank you so much.

어, 안 그래도 되는데. 정말 고마워.

***As a token of appreciation,** we have something for you.*

감사의 표시로 준비한 게 있어.

***As a gesture of gratitude** for your continued loyalty for the past 10 years, I would like to present you with this plaque.*

10년간의 지속적인 애사심에 대한 감사의 표시로, 이 명패를 드립니다.

PART

02

칼퇴를 부르는 회사 영어

Part 01에서는 회의 상황에서 쓸 수 있는 여러 가지 표현들과 기술들을 다뤘다면, Part 02에서는 일상적인 회사 생활에서 유용한 표현들을 문장 형태로 정리해 보았다. 일상생활에서도 적용할 수 있는 다양한 표현들이 담겨 있으니 문장과 예문들을 익혀서 실제 상황에서 적용해 보자. 그리고 문장들을 응용해서 자신만의 예문을 만들어 보는 것도 잊지 말자.

1. 본격적으로 시작합시다
Let's get down to business.

사용 빈도 ★★★☆☆ 난이도 ★☆☆☆☆

회의나 어느 행사에서 시작 인사와 간단한 소개를 한 후에 "**본격적으로 시작합시다**", "**본론으로 들어갑시다**"라고 하고 싶을 때, 아니면 일상생활에서도 다른 얘기하다가 중요한 이야기를 할 때 "**본론으로 들어가자**"라고 말하고 싶을 때가 있다. 그럴 땐 다음과 같이 말해 보자.

"Let's get down to business."

get down to ~는 '~를 본격적으로 하다'라는 뜻이다. 보통 **get down to business**라고 흔히 쓰는데 여기서 **business**는 꼭 회사 일이라기보다는 '본론', 중요한 일' 정도를 뜻한다.

예문으로 익히기

We have everyone now. Let's ***get down to business.***

이제 모두 모였습니다. 그럼 본격적으로 시작합시다.

Before we ***get down to business,*** *I would like to say a big thank you to everyone.*

본격적으로 시작하기 전에, 우선 모두에게 고맙다는 말을 하고 싶습니다.

영영 사전 들여다보기

get down to ~[get daʊn tu] PV

if you get down to something, especially something that requires a lot of attention, you begin doing it.

get down to business [get daʊn tu 'bɪznəs] PV

to begin doing something with the seriousness or determination the action requires; to begin doing what needs to be done.

발음 Tip: 강세가 들어가지 않는 모든 모음의 경우 빨리 이야기할 때 schwa 현상이 일어나 [ə]로 발음된다. 특히 의미적으로 중요하기보다 문법의 기능 때문에 들어가 있는 '기능어'의 경우 대부분 강조되지 않고 [ə]로 발음되기 쉽다. 이 표현의 경우 실제 상황에서 to가 [tu] 대신 [tə]로 발음되는 경우가 많다. 앞으로의 다른 표현들에서도 이 점을 유의하자.

2. 나 지금 뭐 하는 중이야
I am in the middle of something.

사용 빈도 ★★★★★ 난이도 ★☆☆☆☆

일을 하고 있는데 다른 직원이 말을 건네거나 찾아왔을 때 **"나 지금 뭐 하는 중이야"**라고 말하고 싶다면? "I am doing something"이라고 하면 문법적으로 틀린 말은 아니지만 더 자연스러운 표현이 있다.

"I am in the middle of something."

be in the middle of ~를 직역하면 '~의 중간에 있다'라는 말인데 보통 '~을/를 진행 중이다', '~을/를 하는 중이다'라는 뜻으로 쓰인다. 이 표현에는 '무언가를 하고 있어서 바쁘니 멈추기가 곤란하다, 방해하지 말라'는 의미가 포함되어 있다.

예문으로 익히기

A: Keith, do you have a minute?

Keith, 잠깐 시간 있어?

*B: I **am** kind of **in the middle of something.** Do you mind if I call you back later?*

나 지금 뭐 좀 하는 중이야. 이따가 다시 전화해도 될까?

A: What took you so long?

왜 이렇게 오래 걸렸어?

B: Sorry, I was ***in the middle of something.*** *What's up?*

미안, 뭐 좀 하는 중이었어. 무슨 일이야?

A: You wanted to see me?

나 찾았어?

B: That request went out two hours ago.

두 시간 전에 요청했는데.

A: Uh yeah, I ***was in the middle of something.***

아, 나 뭐 하고 있었어.

something 뒤에 형용사를 붙여서 **something**을 수식해 줄 수도 있다.

I am ***in the middle of something*** *important.*

나 지금 중요한 거 하는 중이야.

영영 사전 들여다보기 

in the middle of ~ [ɪn ðə 'mɪd(ə)l əv]

in the process of doing something, involved in something.

in the middle of something [ɪn ðə 'mɪd(ə)l əv 'sʌmθɪŋ]

busy doing something and it is not convenient to stop.

3. 나 생각이 바뀌고 있어
I am having second thoughts.

사용 빈도 ★★★★☆ 난이도 ★★☆☆☆

논의를 하다 보면 처음 가졌던 생각이 바뀌는 경우가 있다. 이럴 때 **"나 생각이 바뀌고 있어"**라고 말하고 싶으면 어떻게 하면 좋을까?
"My opinion is changing". 물론 이렇게 해도 상대방이 알아듣고 의미는 통하겠지만 뭔가 어색한 느낌이다. 좀 더 원어민처럼 자연스러운 표현으로 말하고 싶다면 이렇게 말해 보자.

"I am having second thoughts."

second thought을 직역하면 '두 번째 생각'이라는 뜻이다. 즉, **having second thoughts**는 '두 번째 생각을 가지다'라는 뜻으로 자연스럽게 우리말로 번역하면 '다시 생각하다', '생각이 바뀌다'라는 뜻이 된다.

change one's mind라는 표현도 가능하지만 이 표현은 부정적인 뜻으로도 쓰일 수 있다.

I am changing my mind.
나 생각이 변하고 있어.

He keeps changing his mind.
걔 계속 왔다갔다해.

반면 **second thoughts**라는 표현을 쓰면 생각이 왔다갔다한다는 느낌 없이 고급스럽게 '재고한다'는 느낌을 줄 수 있다.

참고로 영어는 복수형(Plural form)을 좋아하는 언어다. 한글과의 차이점이기도 하다. 한국말에서는 '생각'이라고 하지 절대 '생각들'이라고 하지 않지만 영어의 이 표현에서 '생각'은 복수형으로 **thoughts**라고 표현되는 게 일반적이다. 하나의 생각만 가지는 게 아니라 머리 속에 여러 가지 생각이 있다고 받아들이면 될 것이다.

예문으로 익히기 

*A: I am **having second thoughts** about getting married.*

나 결혼하는 거 다시 생각 중이야.

B: What? Are you serious?

뭐? 진짜로?

*I am **having second thoughts** about his proposal.*

그 사람이 준 제안서에 대한 생각이 바뀌고 있어.

영영 사전 들여다보기 

have second thoughts [hæv ˈsekənd θɔts] Ⓟ

to begin to doubt a decision that you have already made.

4. 우리 이 주제에 너무 빠져들었어
We got carried away on this topic.

사용 빈도 ★★★☆☆ 난이도 ★★★☆☆

회의하다 보면 아주 사소한 문제, 아니면 안건과 상관없는 일에 대해 모두가 몰두해 버리는 상황이 올 때가 있다.
어떤 한 주제에 너무 빠져서 시간 가는 줄 모르고 얘기를 하는 경우에 **"우리 이 주제에 너무 심취했어"**라는 말을 어떻게 할까?

"We got carried away on this topic."

carry는 '나르다', '휴대하다' 등으로 쓰이는 동사인데 **get carried away**라고 하면 어느 상황에 '심취하다', '빠져들어가다', '몰두하다', 더 나아가서 '흥분하다'라는 뜻이 있다.
이 표현은 누군가가 어느 상황에서 너무 흥분하거나 심취해서 오버(?)할 때 "Don't get carried away(너무 흥분하지 마)"라고 할 때도 쓸 수 있다.

예문으로 익히기

*Let's not **get carried away on** it too much and look at the big picture.*

거기에 너무 몰두하지 말고 큰 그림을 봅시다.

A: We need to move on.

우리 다음으로 넘어가야 해.

*B: Sorry, we **got carried away on** this too much. Let's move on to the sales numbers.*

미안, 이거에 너무 빠졌어. 매출 실적으로 넘어가자.

*A: Sorry, I over-reacted. I **got** a little **carried away.***

너무 오버해서 미안해. 조금 흥분했어.

영영 사전 들여다보기 

get carried away [get ˈkerid əˈweɪ]

to become so excited or involved in something that you lose control of your feelings or behavior.

5. 따로 얘기하자
Let's take it offline.

사용 빈도 ★★★★★ 난이도 ★☆☆☆☆

회의 중에 간혹 앞의 표현처럼 하나의 안건에 관해서 이야기가 길어지는 경우가 있다. 이때 퍼실리테이터는 시간 조절을 위해 회의가 끝나고 또는 다른 시간 때에 따로 논의를 하자고 말해야 할 때도 있다. 이럴 땐 간단하게 이렇게 말할 수 있다.

"Let's take it offline."

여기서 **offline**은 현재 진행되는 회의가 온라인(online)이라고 생각했을 때 그 이외의 시간을 말한다고 이해하면 된다.

예문으로 익히기

*This has been a great discussion. But in the interest of time, let's **take it offline** and move on.*

좋은 토론이었어. 그렇지만 시간 관계상 따로 이야기하고 다음으로 넘어가자.

영영 사전 들여다보기

take offline [teɪk ˈɔfˌlaɪn] Ⓟ

discuss a sensitive or highly specific topic individually or in a small group away from a larger group.

6. 반 정도 끝냈어
I am half-way done.

사용 빈도 ★★★★★ 난이도 ★☆☆☆☆

예전에 회사 업무는 대학교 때 했던 그룹 프로젝트의 연속이라는 말을 들은 적이 있는데 정말 맞는 말이다. 회사 일을 할 때는 거의 혼자 완성할 수 있는 일이 드물다. 같은 팀 또는 프로젝트 스쿼드(Project Squad)나 태스크 포스 팀(Task Force Team, TFT)의 일원들과 같이 일해야 하는 경우가 대부분이다. 그래서 힘들기도 하지만 다양한 사람들의 시각을 통해 무한한 배움을 얻는 좋은 훈련 시간이 되기도 한다.
일을 하다가 팀원이나 상사가 내가 맡았던 어떤 업무의 진행 상황을 물어볼 때, 정확히 절반이 아니더라도 **"반 정도 했어", "반 정도 끝냈어"**라고 말하고 싶다면 영어로 어떻게 하면 좋을까?

"I am half-way done."

아주 간단하다. 말 그대로 전체 길의 반, 즉 **half-way**라는 표현을 쓰면 된다. '어느 정도', '반 정도'라는 말을 하고 싶을 때 아주 유용한 표현이다. 62페이지 영영 사전의 세 번째 뜻이 이에 해당한다.

'~의 반 정도에'는 **half-way through ~**라고 표현할 수 있다.

예문으로 익히기

A: Have you finished your report?

리포트 다 끝냈어?

*B: **Half way done.** Maybe it needs another day or two.*

반 정도 끝냈어. 아마 하루 이틀 더 걸릴 것 같아.

*I am **half way through** the report.*

리포트 반 정도 읽었어.

'(시간적으로) ~ 중에'는 이렇게 쓸 수 있다.

*The presentation was so boring that we left **half way through** it.*

발표 너무 지루해서 중간에 나왔어.

*We are almost **half way through** the year.*

벌써 올해의 반이 지났어.

'(위치적으로) 중간에'는 어디를 가는 도중에 유용한 표현이다.

A: Are we there yet?

우리 다 왔어?

*B: We are **halfway** there.*

반 정도 왔어.

영영 사전 들여다보기 

half-way [hæf'weɪ] AD

1. at or to half the distance (위치적으로 중간에)
2. in the middle of a period of time (시간적으로 ~ 중에)
3. to some extent (어느 정도, 중간 정도)

half-way through~ [hæf'weɪ θru] P

in the middle of an activity, process, or period of time.

7. 그냥 일 안 풀리는 날이야
It is just one of those days.

사용 빈도 ★★★☆☆ 난이도 ★★★☆☆

왠지 모르게 일이 잘 안 풀리는 날도 있는 법이다. 갑자기 동시에 여러 가지 문제가 발생하는 날이 꼭 있다. 참고로 이런 최악의 상황이 겹친 상황을 **a perfect storm**이라고도 한다.
뭔가 계속 잘 안 되어서 무기력해지거나 울적해진 날, **"그냥 일이 안 풀리는 날이야"**라고 말하고 싶다면 이렇게 해 보자.

"It is just one of those days."
"It has been one of those days."

직역하면 '그런 날들 중 하나야'라는 뜻으로 우리말 표현과 비슷하다. 여기서 '그런 날'이란 '괜히 일이 잘 안 풀리는 날', '안 좋은 일이 계속 일어나는 날'이라는 뜻이다.

예문으로 익히기

A: You look deep in thought. Is everything okay?

너 생각이 많아 보인다. 괜찮아?

*B: **It's just been one of those days…** but it's all right. I will get through it.*

그냥 일 안 풀리는 그런 날이야. 근데 괜찮아. 견뎌 내야지.

'그런 날'은 상황에 따라 다른 의미로도 쓸 수 있다. '바쁜 일이 계속 일어나는 날'이라고 말하고 싶다면 이렇게 해 보자.

*Oh my god, I had 5 meetings today. I guess **it is just one of those days**.*

와, 진짜. 나 오늘 회의 5개 했어. 그런 날(바쁜 날)인가 봐.

이 문장의 패턴을 이용하여 좀 더 자세한 상황을 표현할 수도 있다. **It is one of those days where ~**은 '~한 날이야'라는 뜻이 되는데 where 뒤에 자세한 상황을 표현해 주면 된다. 참고로 day는 시간적인 명사이기 때문에 **when**으로 수식하는 것이 맞는데 구어체(Spoken English)에서는 **where**를 더 흔히 쓴다. 그날의 상황을 표현하는 공간감을 더 높여 주기 때문이 아닌가 싶다. 물론 문법에 정확한 표현을 쓰고 싶다면 **when**을 쓰면 된다. **that**을 쓰는 것도 가능하다.

It is just one of those days where *you don't want to do anything.*

아무것도 하기 싫은 그런 날이야.

It's one of those days where *everything works out perfectly.*

모든 것이 완벽하게 잘 풀리는 그런 날이야.

영영 사전 들여다보기

(just) one of those days [(dʒʌst) wʌn əv ðoʊz deɪz] ⓟ

1. it is used to say that everything seems to be going wrong.
2. a day when several things go wrong.

8. 내 보너스가 달려 있어
My bonus is on the line.

사용 빈도 ★★☆☆☆ 난이도 ★★☆☆☆

누구나 손꼽아 기다리는 보너스! 보통 업무 평가에 따라 보너스로 받는 금액이 달라지기 때문에 성과를 잘 내는 것이 중요하다. 어떤 업무에 **"내 보너스가 달려 있어"**라고 말하고 싶다면 이렇게 말할 수 있다.

"My bonus is on the line."

~ on the line은 '~이 위태롭다', '~이 달려 있다'라는 뜻이다. 말 그대로 무언가가 위태롭게 줄에 달려 있다는 느낌의 표현이다.

예문으로 익히기

*My job is **on the line.***

내 일이 달려 있어.

*My life is **on the line.***

내 목숨이 달려 있어.

참고로 **on the line**에는 상황에 따라 '전화 중이다'라는 의미도 있다.

*You have Tim **on the line.***

Tim 전화 왔어.

영영 사전 들여다보기 

on the line [ɑn ðə laɪn] ⓟ

if something such as your job, career, or reputation is on the line, you may lose or harm it as a result of what you are doing or of the situation you are in.

9. 걸려 있는 게 많아
The stakes are high.

사용 빈도 ★★★☆☆ 난이도 ★★☆☆☆

회사원이라면 한번쯤 들어 봤을 만한 단어 중에 **stakeholder**라는 단어가 있다. **stake**을 가진 사람(Holder)이란 의미로 '주주' 또는 '이해 당사자'라는 뜻이다. 일을 하면서 만나거나 고려해야 할 다양한 집단이나 당사자들을 말할 때 쓰인다. 여기서 **stake**는 '걸린 돈' 또는 '지분'을 의미한다.
돈뿐만 아니라, 성공, 명예 등 어떤 일의 성패에 따라 걸려 있는 것이 클 때 **"걸려 있는 게 많아"**라고 말하고 싶다면 이렇게 말할 수 있다.

"The stakes are high."

예문으로 익히기 

*A: **Stakes are** so **high** on this deal.*

이번 건에 걸려 있는 게 많아.

B: Right. We gotta[4] make sure we hit right on the pricing.

맞아. 가격 책정을 정말 잘해야 해.

---

4 'have to'의 구어체 표현.

I am aware ***the stakes are high.*** *You don't need to make me any more nervous than I already am.*

나도 걸려 있는 게 많은 것 알고 있어. 이미 긴장하고 있으니 더 긴장하게 만들지 마.

비슷한 표현으로 "It is a 'win-big or lose-big' situation"라는 말을 쓸 수도 있다.

영영 사전 들여다보기 

(the) stakes are high [steɪks ɑr haɪ] ⓟ

a gambling game, hence in extended use of any situation or activity is high-risk, dangerous; having the potential for significant gains or losses.

10. 반반이야(아직 결정 못 했어)
I am on the fence.

사용 빈도 ★★★☆☆ 난이도 ★★★☆☆

두 가지 옵션 중에 결정을 못하고 고민하는 경우 **"반반이야"**, **"아직 결정 못 했어"**라고 말하고 싶다면 영어로는 이렇게 해 보자.

"I am on the fence."

Yes와 No 사이에서 결정을 못 하고 그 중간 울타리(Fence)에 있다는 은유적인 표현이다. **sit on the fence**라고 표현하기도 한다.

예문으로 익히기

*I am still **on the fence** about him. He definitely has what it takes to be in that position. But his weakness is far too critical.*

나는 아직도 그 사람에 대한 마음이 반반이야. 그 자리에 필요한 장점을 가지고 있는 건 분명해. 근데 다른 단점이 너무 치명적이야.

A: Hey, you are the tie-breaker.

네가 마지막 결정권자야.

*B: Oh my god, I am still **on the fence.** Both options are really good.*

이런 나 아직도 마음이 반반이야. 둘 다 진짜 좋아.

*We have been **sitting on the fence** for too long. It is time to make a decision.*

우리 오랫동안 결정 못하고 있어. 이제 결정해야 할 시간이야.

*So Katy is still **on the fence** about kids?*

Katy는 아직 아이 갖는 거에 대해 마음이 반반이야?

*I was **on the fence** but knowing that you two would be our neighbors, now we have to get it.*

나 마음이 반반이었는데 너희들이 이웃이 될 걸 알고 나니까 이 집 얻어야겠어.

영영 사전 들여다보기 

be on the fence [bi ɑn ðə fens] ⓟ

1. if you are on the fence, you can't decide something. You are torn between two options.
2. not making a decision or taking a side when presented with two options or possibilities; undecided.

11. 난 그냥 대세를 따를래
I will go with the flow.

사용 빈도 ★★★★☆ 난이도 ★☆☆☆☆

누구나 한번쯤 결정하기가 힘들거나 눈치가 보여서 대세를 따라간 경험이 있을 것이다. 자신의 진심이 담긴 의견을 개진하는 용기를 가지는 것(Authentically courageous)은 중요하지만 때로는 회사에서 살아남기 위해 대세를 따르는 것도 하나의 전략이 될 수도 있다. **"나는 대세를 따를래"**는 영어로 이렇게 말한다.

"I will go with the flow."

go with the flow를 직역하면 '흐름을 따라가다'라는 뜻이다. 결국 '대세를 따르다'라는 뜻이 된다.

예문으로 익히기

*I will just **go with the flow.***

나는 그냥 대세를 따를래.

*I am going to **go with the flow** and choose the option A.*

저는 대세를 따라서 옵션 A를 선택하겠습니다.

영영 사전 들여다보기

go with the flow [goʊ wɪð ðə floʊ] ⓟ

to do what other people are doing or to agree with other people because it is the easiest thing to do.

12. 안심하세요
Rest assured.

사용 빈도 ★★☆☆☆ 난이도 ★★★☆☆

"걱정하지 마세요"라는 뜻으로 "Don't worry", "No worries"라는 표현을 흔히 쓴다. 비슷한 의미이지만 다양한 표현을 알아두면 도움이 된다. **"안심하세요"**는 영어로 어떻게 할까?

"Rest assured."

assure은 '장담하다', '보장하다'라는 뜻의 동사로 "Rest assured"는 직역하면 "(좋은 결과가) 보장되어 있으니 편하게 쉬어라", 즉 "안심해라"라는 의미가 된다.

예문으로 익히기

Rest assured, *we will get to the bottom of this.*

안심하세요, 꼭 진상 규명을 할 것입니다.

비슷한 느낌으로 "내가 보장할게", "내가 장담할게"라고 말하고 싶다면 **Let me assure you, ~** 또는 **I assure you, ~**라는 표현을 활용해 보자.

Let me assure you, *we are going to hit the target this month.*

우리가 이번 달에 목표를 달성할 것을 장담합니다.

영영 사전 들여다보기 

rest assured [rest ə'ʃʊrd] Ⓟ

if you say that someone can rest assured that something is the case, you mean that it is definitely the case, so they do not need to worry about it.

영어 공부, 어떻게 할까?

"영어 공부 어떻게 하셨나요?"

"영어 공부를 시작해야 하는데 어떻게 하면 좋을까요?"

영어 표현을 올리는 인스타그램 계정을 운영하면서 제일 많이 받은 질문이 아닐까 한다.

도움이 되는 답변을 하고 싶기에 정말 많이 고민되는 질문이다. 나는 영어 공부의 정도(定道)는 없다고 생각한다. 정말 중요한 점은 바로 '꾸준함'과 '습관 들이기'이다. 어떤 방법이든지 그것을 꾸준하게 하면 효과가 있다. 그러나 자신에게 맞는 방법을 찾기 위해 도와줄 수 있는 몇 가지 질문이 있다.

1. 영어 공부의 목적과 목표는 무엇인가?
2. 그 목적과 목표를 이루는 데 있어 현재 나에게 부족한 점은 어느 부분인가?
3. 부족한 점을 채우기 위해 현재 어떤 노력을 하고 있는가?
4. 부족한 점을 채우기 위해 내가 꾸준히 할 수 있는 방법에는 어떤 것이 있을까?

스스로 이런 질문을 던져 보면 자신에게 맞는 공부 방법을 찾을 수 있다고 생각한다. “무조건 미드 보세요”, “섀도잉(Shadowing)이 최고예요”, “낭독이 더 좋아요”, “뉴스를 봐야 해요” 등의 조언은 사실 현재의 수준이나 목표를 알지 못하면 자칫하다가 잘못된 조언이 될 수가 있다. 결국 자신이 정말 하루에 30분이라도 매일 ‘꾸준히’ 할 수 있는 공부 방법을 찾을 수 있는 건 자기 자신밖에 없다. 그러나 어떤 길을 가든, 도움이 될 만한 내가 꼭 지켰던 몇 가지 철칙이 있다.

1. 영영 사전을 사용한다. 이 방법은 Tip 02에서 좀 더 다루어 보겠다.
2. 문법 공부는 원서로 된 문법책으로 하고 외우기보다는 ‘회화책’처럼 낭독하고 말하기를 연습하면서 공부한다. 이렇게 하면 어려운 문법 용어를 몰라도 문장 구조가 체화되어 자연스럽게 받아들여진다. 문법 공부를 할 때도 결국 영어를 공부하는 것은 ‘소통’을 위한 것임을 잊지 말자.
3. 원어민의 자연스러운 영어에 노출되자. 정말 당연한 이야기이지만 한국에서 영어 공부를 하는 여러 가지 방법들에는 이 중요한 요소가 빠져 있는 경우가 있다. 요즘에는 미드, 유튜브(YouTube), 소셜 미디어(Social Media) 등 원어민의 영어에 노출이 될 수 있는 다양한 채널이 있어서 공부하기에 훨씬 수월하다. 물론 듣고 보는 것에 끝내면 듣기 실력은 좋아지겠지만 말하기는 늘지 않는다. 소리 내어서 따라해 보고, 어휘도 익히는 노력을 해야 한다. 그러나 인풋이 좋아야 아웃풋이 좋아진다는 기본적인 사실을 잊지 말자.

13. 오해하지 말고 들어
Don't get me wrong.

사용 빈도 ★★★★★ 난이도 ★★☆☆☆

상대방에게 좋은 의도로 조언을 해 주거나 사실을 말해 줘야 하는데 상대방이 의도를 오해할까 봐 걱정이 될 때, **"오해하지 마"**, **"오해하지 말고 들어"**라는 말을 영어로는 어떻게 하면 좋을까?

"Don't get me wrong."
"Don't take this the wrong way."

take ~ the wrong way, get ~ wrong은 '무엇/누군가의 의도를 잘못 받아들이다'라는 뜻이다.

예문으로 익히기

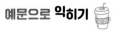

Don't ***take*** *this* ***the wrong way.*** *But I think you need to work on your presentation skills.*

오해하지 말고 들어. 근데 너 발표 실력 좀 늘려야 할 것 같아.

Don't ***get me wrong.*** *But you shouldn't*[5] *talk behind her back.*

오해하지 말고 들어. 근데 너 걔 뒷담화하면 안 될 것 같아.

영영 사전 들여다보기

don't take this the wrong way
[doʊnt teɪk ðɪs ðə rɔŋ weɪ]

don't get me wrong [doʊnt get mi rɔŋ]

you say 'Don't take this the wrong way', 'Don't get me wrong' when you want to make sure that someone does not get an incorrect idea about what you are doing or saying, or about why you are doing or saying it.

5 'should not'의 축약형.

14. 그냥 형식적인 거야
It's just a formality.

사용 빈도 ★★★★☆ 난이도 ★☆☆☆☆

회사에 다니다 보면 '이걸 왜 해야 하지?' 하는 것도 분명히 있다. 큰 의미가 없지만 그냥 형식적으로 해야 하는 업무들이 있기도 하다. **"그냥 형식적인 거야"**는 영어로 간단히 표현할 수 있다.

"It's just a formality."

formal은 잘 알려진 형용사로 '격식을 갖춘'이라는 뜻인데 그것의 명사형 **formality**는 '형식상의 절차'라는 뜻이 있다. 큰 의미 없이 절차를 갖추기 위해 무언가를 해야 할 때 쓸 수 있다.

예문으로 익히기

You have a final interview to go through. ***But it is just a formality*** *and you can say you got the job.*

너 최종 인터뷰를 해야 해. 근데 그건 그냥 형식적인 거고 이미 합격한 거나 다름 없어.

I don't need a big, fancy wedding. ***It is just a formality*** *to me.*

난 크고 멋진 결혼식 필요 없어. 나한테 결혼식은 그냥 형식적인 거야.

영영 사전 들여다보기

it is just a formality [ɪt ɪz dʒʌst eɪ fɔr'mæləti]

if you say that an action or procedure is just a formality, you mean that it is done only because it is normally done, and that it will not have any real effect on the situation.

15. 이렇게 촉박한 통보에도 와 줘서 고마워
Thank you for coming on such short notice.

사용 빈도 ★★★★☆ 난이도 ★★★☆☆

갑자기 회의를 소집한 경우 회의에 와 준 참석자들에게 **"이렇게 촉박한 통보에도 와 줘서 고맙습니다"**라고 감사의 인사를 하는 것이 예의이다. 그럴 땐 이렇게 말하면 된다.

"Thank you for coming on such short notice."

short notice는 '갑작스러운(촉박한) 통보'라는 뜻이다. 즉, **on short notice**는 '이렇게 촉박한 통보에'라는 뜻이 된다.
참고로 **notice**는 셀 수 있는 명사로 '공고문'이라는 뜻도 있지만 여기에서는 셀 수 없는 명사의 '통보', '예고'라는 뜻으로 쓰였다. 그렇기 때문에 **on such a short notice**가 아니라 **on such short notice**가 올바른 표현이다.

예문으로 익히기

Sorry for the ***short notice.***

너무 촉박하게 요청해서 미안해.

I know this is such ***short notice,*** *but can you stand in for me tonight?*

아주 촉박한 요청인 거 아는데, 나 대신 오늘 밤에 근무해 줄 수 있어?

영영 사전 들여다보기

on short notice [ɑn ʃɔrt ˈnoʊtɪs]

without being given much warning before something happens.

16. 그 사람 이 자리에 잘 맞을 것 같아
I think he is a good fit for this position.

사용 빈도 ★★★☆☆ 난이도 ★☆☆☆☆

직원을 고용하기 위해 인터뷰를 하거나 직접적인 고용자가 아니더라도 어떤 자리에 누군가를 추천해야 하는 경우가 생긴다. **"그 사람 이 자리에 잘 맞을 것 같아"**라고 말하고 싶다면 영어로 이렇게 표현해 보자.

"I think he is a good fit for this position."

a good fit for ~은 '~에 잘 맞는'이라는 뜻으로 주로 일이나 직책 등에 사용할 수 있다.
반면에 일 자체가 어떤 사람의 성향에 잘 맞지 않는 경우 "이 일은 나에게 잘 맞지 않아"라는 말은 이렇게 할 수 있다.

"This job is not a good fit for me."

비슷한 다음의 표현도 알아두면 유용하게 쓰일 것이다.

"This job does not fit me."
"This job does not suit me."

예문으로 익히기 

*I believe I am **a good fit for** this position.*

나는 내가 이 자리에 잘 맞는다고 생각해.

*I am sensing this might not be **a good fit** for you.*

내가 느끼기에 이거 너한테 잘 안 맞을 것 같아.

영영 사전 들여다보기 

a good fit for (a job) [eɪ gʊd fɪt fɔr (eɪ dʒab)] Ⓟ

if you think that a person is "a good fit" for a job, it means that you think they can do the job well.

발음 Tip: 부정관사 'a'는, 강세가 들어가지 않는 경우 흔히 [eɪ] 대신 [ə]로 발음된다.

17. 나 지금 할 게 산더미야
I have a lot on my plate right now.

사용 빈도 ★★★★☆ 난이도 ★★☆☆☆

이미 할 일이 많은데 업무를 더 받거나 도움을 부탁 받는 경우가 있다. 이럴 때 **"나 지금 할 게 산더미야"**, **"나 지금 신경 쓸 게 많아"**라고 하고 싶다면 이렇게 말해 보자.

"I have a lot on my plate right now."

plate는 '접시'라는 뜻으로 "I have a lot on my plate"를 직역하면 "내 접시에 많은 게 담겨 있어"라는 뜻인데 이건 비유적으로 "할 일이 산더미야"라는 뜻이다. 할 일, 신경 쓸 일이 많아서 다른 것까지 할 정신적인 여유가 없다고 말하고 싶을 때 사용할 수 있다.

"I am busy(나 바빠)"는 상황에 따라 무례하게 들릴 수도 있다. 그 대신에 이 표현을 쓰면 다른 사람이 좀 더 내 상황에 대해 이해해 줄 수 있을 것이다.

예문으로 익히기

A: I was wondering if you could lead this project.

이 프로젝트 네가 리드하면 어떨까 생각했는데.

B: I wish I could, but I've got[6] ***a lot on my plate*** *right now.*

나도 그럴 수 있었으면 좋겠는데, 나 지금 할 게 산더미야.

"I got too much on my plate", "I have a lot going on"이라고 표현할 수도 있다.

영영 사전 들여다보기 

have a lot on one's plate [hæv ei lɑt ɑn wʌnz pleɪt] Ⓟ

to have a lot of work to do or a lot of things to deal with.

6 'I have'의 구어체 표현.

18. 회사에 어째 심심할 틈이 없어
Never a dull moment.

사용 빈도 ★★☆☆☆ 난이도 ★☆☆☆☆

일도 바쁜데 항상 예측할 수 없는 문제가 생기는 게 바로 회사다. 제품 문제, 고객의 불만, 또 매출 하락 등등. 이럴 때 우리가 자주 하는 말이 있다. **"어째 조용할 날이 없어", "심심할 틈이 없어"**. 영어에도 비슷한 표현이 있다.

"(There is) Never a dull moment."
"(There is) Never a dull day."

구체적으로 "Never a dull moment at work"라고 하면 "회사에 어째 심심할 틈이 없어"라는 뜻이 된다.

dull은 '따분한', '재미 없는'이라는 뜻의 형용사로 '따분할 틈, 따분할 날이 없다'라는 뜻을 만든다. 꼭 부정적인 뜻이 아니더라도 '항상 새로운 일이 일어나고 바쁘다'라는 뜻으로 쓸 수도 있다.

아이를 키우는 가정에서는 "Never a dull moment with kids(애들 때문에 심심할 틈이 없어)"라고 쓸 수 있다.

예문으로 익히기 

A: The server is down again.

서버 또 다운됐어.

*B: Gosh, **never a dull moment** around here.*

맙소사, 여기는 어째 심심할 틈이 없어.

영영 사전 들여다보기 

never a dull moment ['nevər ei dʌl 'moʊmənt] Ⓟ

there is always something exciting happening or changing; things are always busy or chaotic.

19. 그거 너한테 맡길게
I will leave it up to you.

사용 빈도 ★★★★★ 난이도 ★☆☆☆☆

다소 쉬울 수 있지만 사용 빈도가 아주 높은 표현이다. 어떤 일을 다른 사람에게 맡기거나 결정권을 줄 때 **"그거 너한테 맡길게"**라고 하고 싶다면 이렇게 말해 보자.

"I will leave it up to you."

"It is up to you"는 "(결정권이) 너한테 달려 있어", "너 원하는 대로 해"라고 말할 때 아주 자주 쓰이는 표현이다.
여기에 '맡기다'라는 의미로 **leave**를 사용하여 "Leave it up to you"라고 하면 "너에게 결정권을 맡기다"라는 뜻이 된다.

예문으로 익히기 

*A: We will **leave it up to** her.*

그녀한테 맡길 거야.

B: All right.

그래.

*It **is** entirely **up to** you. Entirely your call.*

전적으로 너에게 달렸어. 네 결정이야.

*How about you just **leave it up to** me?*[7]

그냥 나에게 맡기는 거 어때?

영영 사전 들여다보기 

be up to ~ [bi ʌp tu] Ⓟ

if you say if something is up to someone, it means it is one's decision to make or one's responsibility to decide.

leave up to ~ [liv ʌp tu] ⓅⓋ

if you leave something to someone, you let them do it or give them the responsibility for it.

7 문법적으로는 "How about you leaving it up to me?"가 맞으나 원어민들은 구어체에서 위 예문처럼 'How about 주어 + 동사'로 쓰는 경우가 흔해서 이것이 일반적으로 받아들여지는 표현이 되었다.

20. (업무를 받고) 알았어/바로 할게/맡겨만 줘 I got it./I am on it./Consider it done.

사용 빈도 ★★★★★ 난이도 ★☆☆☆☆

회사에서 상사가 업무를 요청할 때, 아니면 일상생활에서도 가족이나 친구로부터 무언가를 부탁 받았을 때 **"알겠어"**, **"바로 할게"**, **"맡겨만 줘"** 등의 대답, 영어로는 어떻게 하면 좋을까?

우선 **"알겠어"**는 이렇게 말하면 된다. 가장 쉽고 흔한 표현이며, 말 그대로 **"알았어"**라는 뜻이다.

"I got it."
"Got it."

다음으로 **"바로 할게"**는 이렇게 말한다. **on it**은 '어느 것의 위에 있다', 즉 '이미 그것을 처리하고 있다'는 느낌이다.

"I am on it."
"I will get right on it."

마지막으로 "맡겨만 줘"는 다음과 같이 말한다. "Consider it done"을 직역하면 **"그게 이미 되었다고 생각해"**라는 뜻으로 걱정 말고 맡겨만 달라는 뜻으로 쓸 수 있다.

"Consider it done."

예문으로 익히기 

- 알았어

A: *Can you fax this over to Tom?*

이거 Tom한테 팩스로 좀 보내 줄래?

B: ***Got it.***

알았어.

- 바로 할게

A: *Can you ask Jenny to reschedule the meeting?*

Jenny한테 회의 시간 변경해 달라고 부탁해 줄래?

B: ***I am on it.***

바로 할게.

A: *Dan, fix this.*

Dan 이거 빨리 해결해.

B: ***I will get right on it.***

바로 할게.

- 맡겨만 줘

A: *Can you schedule a meeting with the client?*

그 고객이랑 회의 좀 잡아줄래?

B: ***Consider it done.***

맡겨만 줘.

21. 내일 아침에 바로 할게
I will do it first thing in the morning.

사용 빈도 ★★★★☆ 난이도 ★★☆☆☆

20번의 표현들 외에도 상사나 동료 직원이 어떤 일을 시켰거나 부탁했을 때 내일 그 일을 우선순위로 한다는 의미의 영어 표현이 있다. **"내일 아침에 바로 할게"**는 영어로 이렇게 말한다.

"I will do it first thing in the morning."

first thing in the morning은 대화에서 흔히 쓰이는 구어체 표현으로 어떤 일을 다음 날 일정의 첫 번째로 한다는 뜻이다. **first thing** 또는 **first thing tomorrow**라고 표현할 수도 있다.

예문으로 익히기 

A: Can you call Steve to confirm his schedule?

Steve한테 전화해서 스케줄 확인 좀 해 줄래?

B: Sure, will do that ***first thing in the morning.***

응, 내일 아침에 바로 할게.

We will discuss this ***first thing in the morning.***

내일 이거 먼저 논의할 거야.

I will have it for you ***first thing in the morning.***

내일 아침에 바로 준비해 놓을게.

영영 사전 들여다보기 

first thing in the morning [fɜrst θɪŋ ɪn ðə ˈmɔrnɪŋ] ⓟ

if you do something first thing in the morning, you do it at the beginning of the day, before you do anything else.

22. 천천히 해
Take your time.

사용 빈도 ★★★★★ 난이도 ★☆☆☆☆

약속에 조금 늦는다고 연락 온 동료에게 또는 완료하기로 한 작업에 시간이 조금 더 필요하다고 하는 직원에게 **"천천히 해"**라고 하려면 어떻게 말할까?

"Take your time."

"Take your time"을 직역하면 "네가 필요한 시간을 가져"라는 뜻으로 우리말의 "천천히 해"와 같은 뜻이 된다.
"Take your time"을 좀 더 강조하고 싶다면 "Take all the time you need"라고 할 수 있다.
비슷한 말로는 "Do not rush", "You don't need to hurry" 등이 있다.

예문으로 익히기 

A: Sorry, I think I am going to be 10 minutes late.

미안 10분쯤 늦을 것 같아.

B: No worries, ***take your time.***

괜찮아, 천천히 와.

A: Can I send this over after lunch?

이거 점심 후에 보내도 될까?

B: Sure, no need to hurry. ***Take your time.***

응 서두를 필요 없어. 천천히 해.

영영 사전 들여다보기 

take your time[teɪk jʊr taɪm] ⓟ

people use this expression to let someone politely know that there is no need to hurry.

23. 하던 거 마저 해
I will let you get back to your work.

사용 빈도 ★★★★★ 난이도 ★★☆☆☆

잠깐 물어볼 것이나 할 얘기가 있어서 일하고 있는 동료의 자리에 들렀다가 이야기를 마치고 **"하던 일 마저 해"** 하고 다시 내 자리로 돌아갈 때, 영어로는 어떻게 하면 좋을까?

"I will let you get back to your work."

이렇게 말하면 아주 자연스러운 표현이 된다. 상황적으로 설명하면 누군가와 이야기하다가 대화를 마치면서 하는 흔한 표현이라고 할 수도 있겠다. 우리가 습관처럼 "하던 일 마저 해"라고 하는 것과 같은 맥락이다.

꼭 회사가 아니더라도 사용할 수 있다. 예를 들어 밥 먹는 친구에게 말을 걸었다가 대화를 끝내면서 "먹던 것 마저 먹어"라고 말할 때도 "I will let you get back to your food"라고 쓸 수 있다.

비슷한 표현으로 **"그럼 일 해"** 정도의 뜻으로 "I will leave you to work"이라고 할 수도 있다.

참고로 하던 얘기를 마무리하고 싶을 때 "All right"이라는 표현을 많이 쓴다. "자, 그럼" 정도로 이해하면 된다.

예문으로 익히기

Thanks for the talk. ***I will let you get back to your work.***

얘기 고마워. 하던 일 마저 해.

All right, ***I will let you get back to work.***

자 그럼 하던 일 마저 해.

24. 이해 좀 부탁해
Bear with me.

사용 빈도 ★★★☆☆ 난이도 ★★☆☆☆

회의가 지연된 상황에 양해를 부탁하거나 약간의 불편함이나 서툶을 이해해 달라는 의미로 **"이해 좀 부탁해"**, **"참아줘"**라는 말은 영어로 어떻게 할까?

"Bear with me."

이 표현은 회의를 진행할 때나 다른 사람과 대화하면서 상황을 이해하고 좀 참아 달라고 할 때 많이 쓴다.

예문으로 익히기

***Bear with us** for another 20 minutes.*

20분만 더 참아 주세요.

*You might have to **bear with me** a little bit.*

나 이해 좀 부탁해.

*I am trying my best but I need more time. So just **bear with me** a little bit, okay?*

나 최선을 다하고 있는데 시간이 좀 더 필요해. 그러니까 조금 만 더 참아 줘, 알았지?

*This is the first time I am ever giving a lecture, so **bear with me.***

강연하는 게 처음이니 이해 부탁드려요.

영영 사전 들여다보기

bear with~ [ber wɪð] PV

a polite way of asking someone to be patient or tolerant.

Tip 02

영영 사전, 어떻게 쓸까?

영어 패턴이나 관용어구는 한영 사전에 나오는 간단한 뜻으로는 느낌이나 뉘앙스를 알기가 힘든 경우가 많다. 그래서 정확히 어떤 상황에서 사용되는지 파악하기가 쉽지 않다.

실제로 얼마 전에 인스타그램에 포스팅을 하기 위해 **'Hold grudges'**의 영한 사전 뜻을 찾아보았는데 **'악의를 품다'**라는 뜻이 있었다. 사실 이 표현은 '뒤끝 있다' 정도의 가벼운 상황에서도 쓸 수 있는데 '악의를 품다'라는 뜻만 보면 정말 원수지간에만 써야 할 것 같다.

이런 경우를 방지하기 위해 나는 영영 사전으로 뜻을 찾아보는 것을 추천한다. 물론 명사 같은 경우에는 영한 사전만 보는 것도 충분하지만 관용어구나 동사, 형용사의 경우에는 영영 사전이 아주 도움이 된다. 사실 영한 사전과 영영 사전을 모두 보는 것이 제일 좋다. 나는 중학교 때부터 영영 사전을 보는 것에 습관을 들였는데 그때 공부했던 단어가 나도 모르게 적절한 상황에 튀어나왔던 신기한 기억들이 있다. 이렇게 단어의 느낌을 알게 되면, 한국어로 번역해야 할 때도 더 자연스럽게 할 수 있다.

예를 들어 **on the line**을 한영 사전으로 찾아보면 **'전화 중'**이라는 뜻도 있지만 **'위태로운'**이라는 뜻이 있다. '왜 여기에 위태로운이라는 뜻이 있지?'라고 생각할 수도 있다. 영영 사전은 뜻을 길게 풀어서 다음과 같이 설명한다.

If something such as your reputation, your job, or your life is on the line, there is a risk that you will lose it.

그럼 이제 감이 오게 된다. 이 설명을 보고 나서는 '아, 줄에 달려 있어서 자칫하면 잃게 되는 상황이구나' 하고 어감을 느낄 수 있다. 즉, 한국말로 번역하자면 우리가 쉽게 쓰는 "내 명예가 걸려 있어", "내 인생이 달려 있어", "내 인생이 위태로워"의 느낌이 확 느껴지게 된다. 이렇게 느낌을 아는 재미를 경험하고 싶다면 영영 사전을 꼭 찾아보는 것을 권한다.

Collins 사전(www.collinsdictionary.com)에는 상황에 대한 설명이 쉽게 잘 나와 있다. 내가 주로 쓰는 영영 사전은 Oxford 사전(https://www.oxforddictionaries.com/)과 Macmillan 사전(https://www.macmillandictionary.com/)인데 이 사전들의 정의는 Collins보다는 조금 더 딱딱하다.

또 최신 유행하는 단어나 표현의 경우 Urban 사전(https://www.urbandictionary.com/)을 보는 것도 도움이 된다. 그러나 Urban 사전의 경우 그 뜻이 너무 과장되어 있거나 일반화되어 있는 경우도 있으므로 다 믿지는 말자! 주변에 영어권 외국인 친구가 있다면 직접 물어보는 것도 좋은 방법이다. 자신의 취향과 목적에 맞는 사전을 정해서 사용해 보자.

사전에서 단어를 찾을 때 또 하나 중요한 것 하나! 바로 발음 기호이다. 영어의 발음은 스펠링을 따라 자신의 익숙한 발음대로 발음하면 잘못되는 경우가 많다. Macmillan 사전은 미국식, 영국식 발음 기호와 원어민 발음 음성도 포함하고 있어서 아주 유용하다. 정확한 발음 기호를 익히고 원어민의 발음으로 어떻게 발음되는지도 꼭 익혀 보도록 하자.

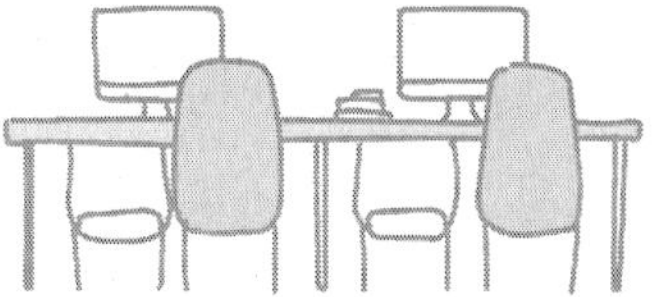

25. 꼭 그런 건 아니야
Not necessarily.

사용 빈도 ★★★★★ 난이도 ★☆☆☆☆

어떤 사람의 말에 **"꼭 그런 건 아니야"**라고 대답하고 싶을 때 어떻게 말할까?

"Not necessarily."

따로 부연 설명이 필요 없을 정도로 딱 "꼭 그런 건 아니야"에 알맞은 표현이므로 뉘앙스를 이해하기 쉬울 것이다.

예문으로 익히기 

A: Does this mean that our branch is going to be downsized?

우리 지사 인원 감축된다는 거야?

B: ***Not necessarily.*** *We are exploring other cost cutting measures.*

꼭 그렇지는 않아. 다른 비용 절감 방안을 찾아보고 있어.

not necessarily는 문장 안에서도 쓸 수 있다.

*She does **not necessarily** have to leave the company.*

꼭 그 사람이 회사를 떠나야 하는 건 아니야.

또 "It does not necessarily mean ~"이라고 하면 "꼭 ~ 한 건 아니야", "꼭 ~ 한다는 뜻은 아니야"라는 뜻이다.

*It does **not necessarily** mean that our branch is going to be downsized.*

꼭 우리 지사가 인원 감축이 된다는 건 아니야.

영영 사전 들여다보기 

not necessarily [nɑt ˌnesəˈserəli]

(as a response) what has been said or suggested may not be true or unavoidable.

26. 이렇게 말해 둘게
Let me put it this way.

사용 빈도 ★★★★★ 난이도 ★★☆☆☆

대화를 하거나 설명을 하다가 좀 더 알기 쉽게 아니면 더 확실하게 다시 말해야(Rephrase) 하는 경우가 생긴다. 또는 어떤 내용을 조금 돌려서 말해야 하는 경우 우리는 **"이렇게 말해 둘게"**라고 말한다. 그럴 땐 아래 표현을 이용해 보자.

"Let me put it this way."

간단하게 그냥 "Put it this way"라고도 하는데 이것을 직역하자면 "이런 식으로 표현하자면"이란 뜻이 된다. 보통 다른 사람이 처음 설명에서 잘 이해를 못했을 때 쓰기도 하고, 돌려서 말하고 싶을 때 "이렇게 말해 둘게" 정도의 뜻으로 쓰기도 한다. 한국말로 번역하면 약간 어색해지는 표현이기 때문에 어떤 상황에서 쓰이는지 익혀 두고 사용하는 것이 좋다.
비슷하게 "Let's put it this way", "Let's put it another way", "How shall I put it?" 등도 같은 의미로 쓸 수 있지만 경험상 "Let me put it this way"와 "Put it this way"가 자주 쓰이는 것 같다.

예문으로 익히기 

A: How is he doing?

그 사람 어때?

B: Well, ***let me put it this way,*** *he always seems busy and overwhelmed.*

음 이렇게 말해둘게, 항상 바쁘고 벅차 보여.

A: You mean he is not competent?

능력이 부족하다는 뜻이야?

We need… ***let me put it this way,*** *a significant reduction in inventory.*

우리… 이렇게 말해 둘게, 재고를 상당량 줄여야 해.

영영 사전 들여다보기 

Let me put it this way [let mi pʊt ɪt ðɪs weɪ] Ⓟ

1. a phrase that someone uses to rephrase something they said before that was not comprehensible.
2. used when you are going to say something that is honest but may sound rude.

27. 너 너무 확대 해석 하고 있는 것 같아
I think you are reading too much into it.

사용 빈도 ★★☆☆☆ 난이도 ★★★☆☆

누군가 한 말이나 행동에 대해 너무 깊이 생각하거나(Overthink) 확대 해석하는 경우가 있다. 지나가는 말 한마디에 너무 큰 의미를 부여하는 경우도 있다. 이럴 때는 이런 표현을 쓴다.

"I think you are reading too much into it."

"너 너무 확대 해석 하는 것 같아"라는 뜻이다. **read too much into ~**를 직역하면 '~에 너무 깊게 들어가서 읽는다'라는 뜻으로 한국말의 '확대 해석하다', '너무 큰 의미를 부여하다'에 부합하는 표현이다.

예문으로 익히기 

A: What does he mean by "There will be a change"?

"변화가 있을 거야"라는 것이 무슨 뜻일까?

*B: I have no idea. Let's not **read too much into it.** It might not be a big deal.*

모르겠어. 너무 확대 해석하지 말자. 별일 아닐지도 몰라.

*You are **reading** way **too much into this.***

너 너무 확대 해석하고 있어.

*I don't know. Maybe I am **reading too much into it.***

모르겠어. 나 너무 확대 해석하고 있는 건가.

영영 사전 들여다보기 

read too much into ~ [rid tu mʌtʃ ˈɪntu] PV

if you read too much into an action, remark or situation, you believe it has a particular importance or meaning, often when this is not true.

28. 내가 연구 좀 했어
I did my homework.

사용 빈도 ★★☆☆☆ 난이도 ★☆☆☆☆

회의 전에 또는 프로젝트 시작 전에 미리 조사를 하거나 정보를 알아본 경우 **"나 공부 좀 했어"**, **"내가 연구 좀 했어"**라고 한다. 영어에도 비슷한 뜻의 표현이 있다.

"I did my homework."

한국말로 "직역하면 "나 숙제 했어"가 되지만 "내가 연구 좀 했어", "사전 조사를 했어", "미리 공부했어"의 뜻이다.

예문으로 익히기 

A: Wow, she already knows a lot about this new project.

와, 그분 벌써 이 새 프로젝트에 대해 많이 아네.

B: Yes. Looks like she ***did her homework.***

응. 준비 많이 한 것 같아.

Wow, graphs and charts. Somebody ***did their homework.***

와, 그래프랑 차트도 있네. 준비 좀 많이 했네.

영영 사전 들여다보기 

do one's homework [du wʌnz ˈhoʊmˌwɜrk] Ⓟ

to study a subject or situation carefully so that you know a lot about it and can deal with it successfully.

29. 그건 이중 잣대야
That is a double standard.

사용 빈도 ★★☆☆☆ 난이도 ★★☆☆☆

회사 생활을 하다 보면 정말 다양한 부류의 사람을 만나게 된다. 그중 하나가 자신에겐 한없이 관대하지만 다른 사람에게는 엄격한 사람이다. 예를 들어 자신은 항상 늦으면서 다른 사람이 늦으면 엄청 화내는 '이중 잣대'를 가진 사람들이 있다. **"그건 이중 잣대야"**는 영어로 이렇게 한다.

"That is a double standard."

a double standard는 '두 개의 평가'라는 뜻으로, '이중 잣대'를 뜻한다. **double**로 수식하여 복수일 것 같지만 **standard**는 단수형으로 쓰이는 단수 명사라는 점을 주의하자.

예문으로 익히기

*Is it just me or does anyone else here also see **a double standard?***

나만 그렇게 생각하는 거야, 아니면 이게 이중 잣대라고 생각하는 사람 또 있어?

*Rob hates when other colleagues push him on timelines but he always requests things on such short notice. Why **the double standard?***

Rob은 다른 직원들이 시간 재촉하면 싫어하면서 꼭 급박하게 뭐 요청하더라. 왜 이중 잣대인 거야?

*Oh, be careful. You don't want to slip into **a double standard.***

조심해. 이중 잣대에 빠지면 안 돼.

영영 사전 들여다보기

double standard ['dʌb(ə)l 'stændərd] CN

a rule or principle which is unfairly applied in different ways to different people or groups.

30. 나 내 상사와 사이 좋아
My boss and I are on good terms.

사용 빈도 ★★★☆☆ 난이도 ★★★☆☆

회사 생활의 행복과 불행을 가르는 가장 큰 요소 중의 하나가 바로 상사이다. 어떤 상사를 만나느냐에 따라 회사가 천국이 될 수도 있고 지옥이 될 수도 있다. 운 좋게 좋은 상사를 만나서 좋은 사이를 유지하고 있다면 **"나 내 상사와 사이 좋아"**라고 할 것이다. 영어로 어떻게 하면 좋을까?

"My boss and I are on good terms."
"I am on good terms with my boss."

be on good terms with ~는 '~와 사이가 좋다'라는 뜻이다. 물론 "I have a good relationship with my boss(나 상사와 좋은 관계를 가지고 있어)"라고 해도 된다. '사이가 좋다'와 '관계가 좋다' 정도의 차이라고 생각할 수 있다.

예문으로 익히기

***Are** you guys still **on good terms**?*

너네들 아직도 사이 좋아?

회사를 떠날 때도 좋은 관계를 유지하면서 나왔다면 **Leave on good terms**라는 표현을 쓸 수 있다. 좋은 감정으로 잘 마무리했다는 뜻이 된다.

I left my previous company ***on good terms.***

나 전 회사 좋게 하고 나왔어.

참고로 연인 관계에서도 **break up/end/part on good terms**라고 하면 '좋게 헤어지다'라는 뜻이 된다.

반대로 사이가 안 좋은 경우 "Not on good terms", 너무 안 좋아서 말도 안 하는 사이라면 "Not on speaking terms"라고 하기도 한다.

I heard they ***were not on good terms.*** *We'd better put them in different groups.*

그 사람들 사이 안 좋다고 들었어. 다른 그룹에 넣자.

We ***are not on speaking terms.***

우리 말 안 하는 사이야.

영영 사전 들여다보기 

be on good terms [bi ɑn gʊd tɜrms] Ⓟ

if two people are on good terms or on friendly terms, they are friendly with each other.

31. 미리 알려 주는 거야
Just a heads up.

사용 빈도 ★★★★★ 난이도 ★★☆☆☆

높은 상사가 한 달 후에 방문한다든지 중요한 회의가 다가올 때 직원들에게 준비할 수 있도록 미리 알려 줘야 한다. **"미리 알려 주는 거야"**라는 말을 영어로는 이렇게 한다.

"Just a heads up."

a heads up은 '미리 알려 줌', '예고'라는 뜻이다. **give a heads up**은 '미리 알려 주다' '귀띔해주다'라는 뜻으로 자주 쓰이는 표현이다.

예문으로 익히기 

*I just wanted to **give** you **a heads up,** before you get a call from him.*

너가 그 사람 전화 받기 전에 미리 알려 주고 싶었어.

한편 "미리 좀 알려주지 그랬어"는 이런 식으로 말할 수 있다.

***A little heads up** would have been nice.*

미리 좀 알려줬으면 좋았을 텐데.

*I would have appreciated **a heads up.***

미리 알려줬으면 고마웠을 거야.

영영 사전 들여다보기 

give a heads up [gɪv eɪ hedz ʌp] Ⓟ

if you give someone a heads-up about something that is going to happen, you tell them about it before it happens.

32. 일이 계획한 대로 잘 풀렸어
Things worked out the way I planned.

사용 빈도 ★★★★★ 난이도 ★★☆☆☆

업무상의 일뿐만 아니라 일반적으로 "일이 잘되다"라고 말할 때 영어로는 어떻게 말할 수 있을까?

"Things worked out the way I planned."

여기서 **things**는 일반적으로 우리가 말하는 '일'을 표현할 수 있다. **work out**은 '운동하다'의 뜻도 있지만 '풀리다', '되다'의 의미로도 아주 자주 쓰인다. 예문처럼 **the way I planned**를 붙이면 '계획한 대로'라는 뜻이 된다. **"일이 잘됐어"**는 간단히 "Things worked out well"이라고 표현할 수 있다.

예문으로 익히기

A: How did the meeting go?

회의 어땠어?

*B: **Things worked out exactly how I wanted.** Everyone agreed on my proposal.*

내가 원하던 그대로 됐어. 모두 내 제안에 동의했어.

*You know **things never work out the way you plan.***

일은 절대로 계획대로 되지 않는 것 알잖아.

*I am sorry **things didn't work out.***

일이 잘 안 풀려서 안타까워.

또한 이 표현은 사람 사이의 관계에서도 쓸 수 있다. 예를 들어 연인이었던 또는 소개받은 사람과 잘 이루어지지 않았다고 말할 때 다음과 같이 말할 수 있다.

***Things didn't work out** between Tom and me.*

Tom이랑 나랑 잘 안 됐어.

영영 사전 들여다보기 

work out[wɜrk aʊt] PV

if a situation works out well or works out, it happens or progresses in a satisfactory way.

33. 분담해서 처리하자
Let's divide and conquer.

사용 빈도 ★★★☆☆ 난이도 ★★★☆☆

앞의 표현에서 이야기했듯이 복잡한 업무의 경우 한 작업을 완료하기 위해 태스크 포스 팀(Task Force Team)이나 스쿼드(Squad) 등이 구성되는 경우를 흔히 볼 수 있다. 각 구성원이 분업을 하여 완료를 해야 하는 경우 **"분담해서 처리하자"**라고 할 수 있는데 그럴 때는 흔히 이런 표현을 사용한다.

"Let's divide and conquer."

직역하면 "나눠서 정복하자"로, 서로 할 일을 나누어 동시에 업무를 처리해서 완성하자는 뜻이다.

예문으로 익히기

A: I am going to take care of the intro.

내가 앞부분 맡을게.

B: Then let me take the last part.

그럼 내가 마지막 부분 할게.

A: Great. We ***divide and conquer.***

좋아. 분담해서 처리하는 거야.

I think we need to ***divide and conquer.***

우리 분담해서 처리해야 할 것 같아.

So what's the plan? I'd[8] *say we* ***divide and conquer.***

그래서 계획이 뭐야? 난 분담해서 처리하는 게 좋을 것 같아.

비슷한 의미로 "Let's divide the work", "Let's split up the tasks" 등으로도 표현할 수 있다.

영영 사전 들여다보기 

divide and conquer [dɪ'vaɪd ænd 'kaŋkər] Ⓟ

to accomplish something by having several people work on it separately and simultaneously.

---

8 'I would'의 축약형.

34. 내 컴퓨터 먹통이야
My computer froze.

사용 빈도 ★★★★☆ 난이도 ★☆☆☆☆

회사에서 항상 일어나는 일 중의 하나! 바로 컴퓨터가 먹통이 되는 일이다. 갑자기 반응이 없어지거나 **No response(응답 없음)** 메시지가 뜰 때 **"내 컴퓨터 먹통이야"**는 이렇게 표현해 보자.

"My computer froze."

froze는 **freeze(얼다)**의 과거형으로 '먹통이다'를 '얼다'라고 표현하는 게 재미있는 영어 표현이다. 휴대폰이나 태블릿 PC 같은 다른 전자 기기에도 쓸 수 있다.

참고로, **hang** 동사를 써서 "My computer hangs"라고 표현하기도 한다.

예문으로 익히기 

*Hold on. Gosh, **my computer froze** again!*

잠깐만. 아, 진짜. 내 컴퓨터 또 먹통이야!

영영 사전 들여다보기 

freeze [friz] Ⓥ

if a computer freezes or a computer screen is frozen, it suddenly stops working and the screen will not change even when you use the keyboard or mouse.

35. 수준을 한 단계 더 올리자
Let's take it to the next level.

사용 빈도 ★★★★☆ 난이도 ★★★☆☆

질을 더 향상시키거나, 아이디어를 더 발전시킨다고 할 때, 혹은 비즈니스를 성공시키거나 커리어를 한 단계 더 발전시킨다고 말할 때 영어로 뭐라고 할까? **develop**이나 **improve**를 써도 좋지만 같은 뜻의 유용한 표현을 하나 더 알아보자
"수준을 한 단계 더 올리자"나 **"한 단계 더 발전시키자"**라는 말은 이렇게 할 수 있다.

"Let's take it to the next level."

take it to the next level은 말 그대로 '다음 단계로 올리자'라는 뜻도 될 수 있지만 은유적인 표현으로 '한 단계 더 발전시키다', '수준을 한 단계 더 올리다'라는 뜻으로 주로 쓰인다.
사람 간의 관계에 대해서도 쓸 수 있는데, 예를 들어 데이트하는 사이의 두 사람이 더 진지한 관계로 발전시키고 싶을 때도 쓸 수 있다.

예문으로 익히기 

*I want to **take** the business **to the next level.***

우리 비즈니스를 한 단계 더 발전시키고 싶어.

*I have reached a point where I need to think about how I can **take** my career **to the next level.***

내 커리어를 어떻게 하면 한 단계 더 발전시킬 수 있을 지 생각해야 할 때가 왔어.

take ~ to another level, take ~ to a whole new level도 비슷하게 쓰이는 표현이다. 다른 단계 아니면 새로운 단계로 발전시킨다는 뜻으로 '수준이 달라'라는 의미를 표현한다.

*You took it **to a whole new level.***

네가 다른 수준으로 만들어 버렸어.

*The draft was pretty good but your input really **took it to a whole new level.***

초안도 꽤 괜찮았는데 너의 의견이 그걸 정말 다른 수준으로 만들어 버렸어.

비슷한 표현으로 **kick it up a notch, take it up a notch, step it up a notch** 등이 있는데 '수준을 한 단계 올린다'는 뜻이지만, 무언가를 '더 흥미롭거나 재미있게 만든다' 또는 '(음식을) 더 맛있게 만든다'는 뜻도 된다.

*You need to add more garlic to **kick it up a notch.***

맛을 한 단계 올리기 위해 마늘을 좀 더 넣어야 해.

영영 사전 들여다보기 

take ~ to the next level [teɪk ~ tu ðə nekst 'lev(ə)l]

1. to further improve or develop something that is already successful.
2. to make something better.

36. 이건 논의 대상이 아니야
It's off the table.

사용 빈도 ★★★☆☆ 난이도 ★★★☆☆

가끔 한국 뉴스를 보면 '협상 테이블'이라는 말이 나오는데 바로 이 영어 표현에서 유래한 말이 아닌가 싶다. 협상 또는 논의 하는 자리에서 어떤 것이 '논의 대상이다' 또는 '논의 대상이 아니다'라는 것을 표현할 때 아주 유용한 표현이다.

"It's off the table."

off the table을 직역하면 '탁자 밖에 있다'라는 뜻이다. 비유적인 표현으로 어떤 사항이 '논의 대상이 아니다'라는 뜻이다. 또한 어떤 제안이 '더 이상 유효하지 않다'는 뜻도 된다. 예를 들어 고객과의 협상에서나 또는 내 커리어에 대한 협상에서 협상 기한이 지나서 더 이상 제안이 유효하지 않을 때 쓸 수 있다.

반대로 '논의 대상이다', '유효하다'는 **on the table**이라고 표현된다.

예문으로 익히기 

*Nothing is **off the table.** We can discuss anything and everything we want in this meeting.*

모든 게 다 논의 대상이야. 우리가 원하는 아무거나 다 논의해 보자.

*The offer is **off the table.** She is a terrible person with terrible judgement.*

그 제안은 더 이상 유효하지 않아. 저 사람 판단력이 너무 안 좋아.

*I am granting you one wish. Nothing is **off the table.***

소원 하나만 들어줄게. 모든 게 가능해.

*A: What would you say if I told you the offer was back **on the table?***

그 제안이 다시 유효하다면 어떻게 할래?

B: I would say my assumption is the terms won't[9] *be as good as they were in the first time around.*

내 추측으로는 조건이 처음만큼 좋지는 않을 거 같은데.

A: The terms are not going to change.

조건은 안 변할 거야.

*A: Is the offer still **on the table?***

그 제안 아직도 유효해?

B: Unfortunately, not. Someone else already filled the position.

안타깝게도 아니야. 다른 사람이 이미 그 자리 채웠어.

---

9 'will not'의 축약형.

영영 사전 들여다보기 

off the table [ɔf ðə ˈteɪb(ə)l] ⓟ

1. if a proposal or offer is off the table, it is no longer officially available or is not being considered.
2. to be withdrawn or no longer available, as for consideration, acceptance, discussion, etc.

Tip 03

발표 능력, 어떻게 키울까?

Tip 01에서는 자신의 목표와 목적에 따라서 좋은 공부법이 달라진다는 것을 강조했다.

자신의 목표가 발표 능력을 향상시키거나 실제 발표하는 스타일과 표현들을 익히는 것이라면 테드 강의(TED talk)만큼 좋은 자료가 없다. 자신이 좋아하는 주제를 찾아서 몇몇 강의를 듣다 보면 자신이 닮고 싶은 발표 스타일을 찾게 될 것이다. 그 사람의 발표를 따라 해 보자. 가능하다면 받아쓰기해서 읽으며 연습해 보고 녹음까지 해 보는 게 제일 좋다. 실제로 나도 처음 싱가포르에 갔을 때 테드 강의를 보며 많은 연습을 했다. 자연스러운 표현들을 익히기 좋고 발표를 멋스럽게 만들어 주는 표현들도 익힐 수 있을 것이다.

장르에 따라 도움이 되는 미드도 있을 것이다. 정치, 법, 의학 등 자신이 일하는 분야에 맞는 미드는 유용한 표현들을 접할 수 있는 기회를 마련해 줄 수도 있다. 특히 좀 더 공적인 자리에 어울리는 고급스러운 영어 표현들을 익히고 싶다면 변호사들이나 정치인들이 나오는 미드를 추천한다.

가장 중요한 것은 미드를 보면서 모르는 단어나 표현들은 꼭 단어장에 정리하는 것이다. 그냥 미드를 보는 것은 영어 공부에 전혀 도움이 되지 않는다. 앞에서도 강조했듯이 영영 사전을 통해 익히고 발음 기호도 꼭 읽어 정확한 발음도 연습해 보는 것이 중요하다. 미국 교환학생 시절부터 시작했던 이 단어장은 지금은 나에게는 보물과 같은 나만의 사전이 되었다. 어떻게 보면 단어장들이 이 책을 쓸 수 있게 해 준 중요한 자료의 바탕이 되었다. 미드로 공부하는 자세한 방법은 다음 Tip에서 알아보기로 하자!

37. 열심히 한 보람이 있어
All the hard work has paid off.

사용 빈도 ★★★☆☆ 난이도 ★★★☆☆

회사 생활을 하면서 가장 뿌듯한 순간 중 하나가 노력이 마침내 결실을 맺었을 때인 것 같다. 열심히 한 보람을 느끼는 순간. 그런 순간 때문에 힘든 시간을 견뎌내는 직장인들이 많을 것이다. **"열심히 한 보람이 있어"**는 영어로 이렇게 표현할 수 있다.

"All the hard work has paid off."

pay는 '지불하다'의 뜻으로 많이 쓰는 동사이지만 **pay off**는 '기대한 성과를 올리다', '결실을 맺다', '보람이 있다'는 뜻으로 쓰일 수 있다. 이런 뜻으로 쓰이는 경우 자동사(Intransitive Verb)로 쓰이는 것을 주의하자.

예문으로 익히기

*Congratulations on your promotion. I am really happy that **your hard work has finally paid off!***

승진 축하해. 너 열심히 한 보람이 있어서 정말 기뻐.

Your patience has paid off.

너 참은 보람이 있네.

영영 사전 들여다보기 

pay off [peɪ ɔf] PV

if something that you do pays off, it brings you some benefit or yields good results.

38. 실력이 좀 녹슬었어
I am a little rusty.

사용 빈도 ★★★☆☆ 난이도 ★★★☆☆

오랫동안 안 하던 업무를 갑자기 해야 할 때 처음으로 돌아간 것처럼 떨리기도 한다. **"나 실력이 좀 녹슬었어"**, **"나 실력이 좀 굳었어"**는 이렇게 말한다.

"I am a little rusty."

영어로도 '녹슨(Rusty)'이라는 표현을 쓴 것이다. 사람 또는 특정한 기술에도 쓸 수 있는 표현이다.

예문으로 익히기 

It's[10] *been years since the last time I painted. I am a little* ***rusty****.*

마지막으로 그림 그린 지 몇 년이나 지났어. 나 좀 녹슬었어.

My cooking skills are ***rusty****.*

나 요리 실력이 좀 굳었어.

I am a little ***rusty****. But it will come back to me.*

나 좀 굳었어. 근데 다시 (실력이) 돌아올 거야.

영영 사전 들여다보기 

rusty ['rʌsti] Ⓐ

1. a skill that is rusty has not been used recently.
2. someone who is rusty has not used their skills recently.

10 'It has'의 축약형.

39. 결국 중요한 건 사람이야
It all boils down to people.

사용 빈도 ★★☆☆☆ 난이도 ★★★☆☆

직장 생활을 하면서 느낀 건 월급도 중요하고 성취감도 중요하지만 결국 제일 중요한 건 같이 일하는 동료들이라는 것이다. **"결국 중요한 건 사람이야"**, 영어로는 이렇게 말한다.

"It all boils down to people."

바닷물을 끓이면 물은 다 증발하고 결국 남는 건 소금이다. 즉, **It boils down to ~**라고 하면 '결국 최종적으로 중요한 것이나 핵심은 ~이다'라는 뜻이 된다.

비슷한 표현으로 **come down**을 쓸 수도 있다.

"It all comes down to people."

예문으로 익히기

***It all boils down** to the people you work with.*

결국 중요한 건 같이 일하는 사람들이야.

문장 앞에 '결국'을 뜻하는 **at the end, at the end of the day, ultimately** 등을 첨가해도 좋다.

*At the end of the day, **it all boils down** to money.*

결국 중요한 건 돈이야.

*Ultimately, **it all boils down to** your attitude towards life.*

결국 인생에 대한 너의 태도가 모든 것을 결정지어.

영영 사전 들여다보기 

boil down to ~ [bɔɪl daʊn tu ~] PV

if you say that a situation or problem boils down to a particular thing, you mean that this is the most important or the most basic aspect of it.

40. 그건 좀 무리야
It is a stretch.

사용 빈도 ★★★☆☆ 난이도 ★☆☆☆☆

어떤 업무가 업무를 하는 사람의 능력을 벗어났을 때, 또는 재정적으로나 시간적으로 주어진 한계를 넘을 때 **"그건 좀 무리야"**라고 한다. 영어로는 간단하게 이렇게 표현할 수 있다.

"It is a stretch."

우리에게 아주 익숙한 단어인 **stretch**에는 동사로 '몸을 늘리다' 외에 명사로 '무리'라는 뜻이 있다. 너무 늘려서 그 한계를 넘어가는 느낌, 즉 '무리'라고 생각하면 쉽다.

같은 뜻을 동사로도 표현할 수 있다.

예문으로 익히기

*I know it is **a stretch** of our price range.*

우리 예산에 좀 무리인 거 알아.

*This task is a bit of **a stretch** for him. But I think he will make it work if he puts his mind to it.*

이 업무는 그 사람에게 좀 무리야. 근데 그래도 마음먹으면 해낼 것 같아.

*It might **stretch** you financially.*

재정적으로 무리일 수도 있어.

영영 사전 들여다보기 

stretch [stretʃ] CN

1. the fact that something has gone past its usual limits.
2. a job, task, or role that is difficult for someone because it is very different from what they usually do.

stretch [stretʃ] V

make great demands on the capacity or resources of someone or something.

41. 지금은 내 커리어에 집중할 때야
I am in a place where I need to focus on my career.

사용 빈도 ★★★☆☆ 난이도 ★★★★☆

정말 유용하고 자주 쓰이는 패턴 중의 하나가 '~ 할 상황이다', '~ 할 때이다'라는 표현이다. **"지금은 내 커리어에 집중할 때야"**, 어떻게 표현하면 좋을까?

"I am in a place
where I need to focus on my career."

place는 여기에서 '장소'가 아닌 '상황'이나 '상태'를 의미하여 **I am in a place where ~**는 '~ 한 상황이다', '~ 할 때이다'라는 뜻이 된다. 원어민이 아주 즐겨 쓰는 표현이다.

where 절이 아닌 형용사를 써서 **in ~ 형용사 place**라고도 자주 쓴다.

예를 들어 "He is in a really bad place right now"라고 하면 "그 사람 지금 정말 힘든 상황에 있어"라는 뜻이 된다.

예문으로 익히기 

***I am in a place where** I need to find what I really want.*

내가 진짜 뭘 원하는지 찾아야 할 때야.

***I am not in a place where** I am looking for a serious relationship.*

나는 누구를 진지하게 만날 상황이 아니야.

I have reached a point where ~라는 표현을 써서 비슷한 의미를 전할 수도 있다.

*I **have reached a point** in my life **where** I want to start a family.*

내 가정을 만들고 싶은 때가 되었어.

영영 사전 들여다보기 

in a place where ~ [ɪn eɪ pleɪs wer] Ⓟ

used to talk about someone's feelings, situation, or mental condition.

42. Josh한테 안부 전해 줘
Say hi to Josh for me.

사용 빈도 ★★★★☆ 난이도 ★☆☆☆☆

해외 출장을 가게 되면 다른 나라의 직원들을 만나서 서로 안부를 묻는다. 출장을 오지 않아 직접 만나지 못하는 다른 직원들에게도 안부를 전해 달라고 하고 싶을 때 어떻게 하면 좋을까?

"Say hi to Josh for me."
"Send Josh my regards."
"Give my regards to Josh."

say hi to ~ for me를 직역하면 '~에게 나를 위해 안녕이라고 해 줘'라는 뜻으로 보통 '~에게 안부 전해 줘'라는 말로 흔히 쓰인다. **hi** 대신 **hello**를 써도 된다.

regards는 '안부'라는 뜻으로 **say hi**에 비해 좀 더 격식을 갖춘 표현이다. **send/give regards to ~**라고 쓸 수 있다.

예문으로 익히기 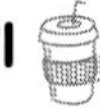

A: How is everyone doing in Singapore?

싱가포르 직원들 다 어떻게 지내?

B: They are all doing great.

다들 잘 지내.

*A: **Say hi to Tim for me.** Haven't seen him for ages.*

Tim한테 안부 전해 줘. 못 본 지 백만 년 됐다.

B: Will do.

그럴게.

*A: When you see Tim, **give him my regards.***

Tim 보면 안부 전해 줘.

B: Sure.

그럴게.

영영 사전 들여다보기 

say hi to (someone) for (one) [seɪ haɪ tu ~ fər ~] Ⓟ

to pass along one's greetings and well-wishes to someone else on one's behalf.

43. 시차 적응이 안 돼
I am jet lagged.

사용 빈도 ★★★☆☆ 난이도 ★★☆☆☆

싱가포르에서 근무할 때는 출장이 정말 많았다. 특히 장거리 비행을 하거나 시차가 긴 곳에 다녀오면 시차 적응이 안 되어 고생을 많이 하게 된다. "시차 적응이 안 돼"라는 말은 이렇게 표현할 수 있다.

"I am jet lagged."
"I am having jet lag."

jet lag는 '시차 적응 안 됨, '시차증'이라는 셀 수 없는 명사이고 형용사로 **jet lagged** 형태로 쓰기도 한다.

예문으로 익히기 

A: You look so exhausted.

너 엄청 피곤해 보여.

*B: I know. I am so **jet lagged.***

그러니까. 나 시차 적응이 안 돼.

*The **jet lag** is hitting me so hard.*

시차 적응 너무 안 돼.

참고로 두 나라 사이의 시차를 말할 때는 **time difference**라고 하면 된다.

> *What is the **time difference** between Singapore and Switzerland?*
>
> *싱가포르랑 스위스 시차가 얼마나 돼?*

대답은 **ahead of**나 **behind**를 이용해서 할 수 있다.

> *Singapore is 6 hours **ahead of** Switzerland.*
>
> *싱가포르가 스위스보다 6시간 빨라.*

> *Switzerland is 6 hours **behind** Singapore.*
>
> *스위스가 싱가포르보다 6시간 느려.*

영영 사전 들여다보기 

jet lag ['dʒet,læg] UN

if you are suffering from jet lag, you feel tired and slightly confused after a long journey by aeroplane, especially after travelling between places that have a time difference of several hours.

44. 액면 그대로 받아들이지 마
Don't take it at face value.

사용 빈도 ★★☆☆☆ 난이도 ★★★★☆

누군가의 말을 너무 확대 해석(Reading too much into)해도 안 되지만 가끔 누군가의 말을 액면 그대로 받아들이면 안 되는 경우도 있다. **an ulterior motive(숨은 속셈)**이나 **a hidden agenda(숨은 의도, 꿍꿍이)**가 있는 사람들도 있기 때문이다. **"액면 그대로 받아들이지 마"**는 이렇게 표현한다.

"Don't take it at face value."

face value는 '액면'이라는 뜻으로 **take ~ at face value**는 '액면 그대로 받아들이다'라는 표현이다.

참고로 **face value**는 채권의 실제 가치인 '액면가'를 뜻하기도 한다.

예문으로 익히기

*A: You shouldn't **take** his words **at face value.** He is not the most reliable person in the world.*

그 사람 말을 액면 그대로 받아들이면 안 돼. 그는 그렇게 믿을 만한 사람이 아니야.

B: Thanks you for letting me know.

알려 줘서 고마워.

*I will **take** your answer **at face value.***

네 대답 액면 그대로 믿을게.

영영 사전 들여다보기

take ~ at face value [teɪk ~ æt feɪs 'vælju] ⓟ

1. to accept someone or something just as it appears.
2. to believe that the way things appear is the way they really are.

45. 나 내일 연차 내고 싶어
I would like to take a day off tomorrow.

사용 빈도 ★★★☆☆ 난이도 ★★☆☆☆

일하는 것만큼 회사 생활에 중요한 것이 바로 연차 또는 병가 내기이다. 시작하기 전 한 가지 말해 둘 것은 연차나 병가는 사실 회사나 나라에 따라 부르는 이름이 조금 다를 수 있다는 점이다. 일반적으로 보통 미국계 회사는 더 캐주얼하고 유럽이나 영국의 영향을 많이 받은 영연방(Commonwealth) 국가의 경우에는 조금 더 격식을 차린다.
"나 내일 연차 내고 싶어"를 영어로 표현해 보자.

미국계 회사는 이렇게 말한다.

"I would like to take a day off tomorrow."
"I would like to take a personal day tomorrow."

유럽계 다국적 회사(Multi-National Company, MNC)는 이렇게 말한다.

"I would like to take annual leave tomorrow."

미국계 회사에는 연차를 **a personal day off, a personal day** 등으로 표현한다. 유럽계 회사에서는 **annual leave**라고 하고 미국계 회사에서도 아마 문서나 시스템상에서는 이렇게 표현할 수도 있다.

예문으로 익히기

*I will be **taking a personal day** tomorrow.*

나 내일 연차 낼 거야.

*She is on **annual leave** today.*

걔 오늘 연차 냈어.

병가도 비슷하다. 유럽계에서는 **sick leave, medical leave,** 미국계에선 **a sick day**로 표현한다. '병가 내다'는 **call in sick**이라고도 표현한다.

*I need to take **a sick day(sick leave)** today.*

오늘 병가 내야 할 것 같아.

*Kourtney **called in sick** today.*

Koutney 오늘 병가 냈어.

영영 사전 들여다보기

personal day ['pɜrsən(ə)l deɪ] CN

a day that you are allowed to take off work for private reasons.

annual leave ['ænjuəl liv] UN

a paid number of days each year that an employee is allowed to be away from work.

46. (비교하는 게 옳지 않은) 전혀 다른 부류야 It's apples and oranges.

사용 빈도 ★★★☆☆ 난이도 ★★★☆☆

처음 들었을 때 재미있는 표현이라고 생각했던 표현이다. '갑자기 사과와 오렌지가 왜 나오지?' 할 수도 있는데 비교하려고 하는 두 대상이 사과와 오렌지처럼 '근본적으로 전혀 다른 부류'라서 비교하는 게 옳지 않다는 것을 말할 때 쓰는 표현이다. 회사에서 자주 듣고 쓰게 될 것이다.

"It's apples and oranges."

'전혀 다른 부류를 비교하다'는 **compare apples and/to/with oranges**라고 할 수 있다.
반대로 '같은 부류를 (정당하게) 비교하다'는 **compare apples to apples**로 표현할 수 있다.

예문으로 익히기 

You can't compare China and Hong Kong. It's ***apples and oranges.***

중국이랑 홍콩을 비교하면 안 되지. 전혀 다른 부류야.

*Come on, he joined the company only 6 months ago. Of course he is not as good as Ed. You shouldn't **compare apples to oranges.***

야, 그 사람 회사 들어온 지 6개월밖에 안 됐어. 당연히 Ed만큼 못 하지. 전혀 다른 걸 비교하면 안 돼.

***Apples and oranges.** Totally unfair to compare the two.*

전혀 다른 부류야. 둘을 비교하는 건 공정하지 못해.

A: Is he as good as you?

그 사람 너만큼 잘해?

*B: **He's apples, I'm oranges.** We excel in different areas.*

그 사람과 나는 전혀 달라. 서로 다른 분야에서 잘해.

영영 사전 들여다보기 

apples and oranges ['æp(ə)ls ænd 'ɔrəndʒɪs] Ⓟ

used with reference to two things that are fundamentally different and therefore not suited to comparison.

compare apples and/to/with oranges
[kəm'per 'æp(ə)ls ænd 'ɔrəndʒɪs] Ⓟ

to compare things that are fundamentally very different.

47. 충분히 끝까지 생각했어?
Have you thought all the way through?

사용 빈도 ★★★☆☆ 난이도 ★★★☆☆

어떠한 문제에 대해서 처음부터 끝까지 모든 상황을 충분히 생각한다는 건 참 중요한 일이다. **"충분히 끝까지 생각했어?"**, **"곰곰이 생각해 봤어?"**라고 묻고 싶다면 이렇게 말해 보자.

"Have you thought all the way through?"

think 뒤에 **through**를 붙여서 **think through**라고 하면 '처음부터 끝까지 충분히 생각하다'라는 뜻이 된다. **think thoroughly**와 비슷한 뜻이다. '쭉 ~까지'라는 의미의 **all the way**와 같이 **think all the way through**로 종종 사용된다.

예문으로 익히기

*A: Are you sure you **thought all the way through?***

너 끝까지 충분히 생각한 거 확실해?

B: I did and this is my final answer.

충분히 생각했고 이게 내 최종 답변이야.

I don't think I ***thought all the way through.***

충분히 처음부터 끝까지 다 생각하지 못한 것 같아요.

We should have ***thought all the way through****.*

우리는 처음부터 끝까지 잘 생각했어야 했어요.

Let's ***think this through****. We shouldn't make a rash decision about this.*

충분히 끝까지 생각해 보자. 성급한 결정하면 안 돼.

A: I am still ***thinking things through.***

아직도 곰곰이 생각 중이야.

B: What is there to ***think through?***

곰곰이 생각할 게 뭐 있어?

영영 사전 들여다보기 

think through [θɪŋk θru] PV

to consider the facts about something in an organized and thorough way.

48. Donna는 리더감이야
Donna is leader material.

사용 빈도 ★★★☆☆ 난이도 ★★☆☆☆

어떤 사람에게 특정한 자리나 역할을 잘할 수 있는 기질이 있을 때 '~ 감이다'라고 표현을 한다. 'Donna는 리더감이야',
영어로는 이렇게 표현할 수 있다.

"Donna is leader material."

'원료, 재료, 자료'라는 뜻의 material이 붙는 것이 재미있다. **leader material**처럼 **명사 + material**은 명사를 할 수 있는 '~의 기질이 있는', 즉 '~감이다'라는 뜻이 된다.
이 표현은 셀 수 없는 명사로 취급되어 부정관사 **a**가 쓰이지 않는 것을 주의하자.

예문으로 익히기

Tom is ***manager material.***

Tom은 매니저감이야.

Maybe you are just not ***captain material*** *and there is nothing wrong with that.*

너는 그냥 캡틴감은 아닌 것일 수도 있고 거기에 문제가 있다고 할 수는 없지.

Luke is ***husband material.***

Luke은 남편감이야.

영영 사전 들여다보기 

~ material [mə'tɪriəl] UN

If you say that someone is a particular kind of material, you mean that they have the qualities or abilities to do a particular job or task.

미드 공부, 어떻게 할까?

“영어 공부를 어떻게 하면 좋을까요?”에 이어 제일 많이 받았던 질문 중에 하나가 “미드로 영어 공부하는 효과적인 방법이 뭘까요?”이다.

해외 연수를 가거나 해외에 살 여건이 안 되어 한국에서 영어 실력을 키우고 싶다면 미드만큼 좋은 자료가 없다.

그러나 미드를 통한 영어 공부는 자신의 의견을 어느 정도 영어로 표현할 수 있고 상대방을 충분히 알아들을 수 있는 정도의 수준이 되어야 효과적이다. 모르는 단어가 나왔을 때 그것을 잘못된 스펠링이라도 대충 받아 적을 정도가 된다면 가장 좋다.

다만, 한국 드라마를 보듯이 미드를 ‘보는 것’은 영어 공부에 도움이 되지 않는다고 단언한다. 내가 실제 썼던 방법을 토대로 효과적인 방법을 정리해 보았다. 많은 사람들이 이미 방법을 알고 있다. 문제는 알아도 귀찮아서 꾸준히 못하는 경우가 대부분이라는 것이다.

지름길은 없다. 꾸준함이 답이다.

1. 자기 수준의 미드를 찾는다

자신의 영어 실력이 얼마나 되는지를 생각해 보고 공부하고 싶은 분야와 관련된 수준에 맞는 미드를 찾는다.

2. 20분 정도의 분량을 자막 없이 전체로 보고 어느 정도 들리는지 파악해 본다

3. 그중 먼저 2분에서 5분 정도의 분량을 받아쓰기 한다

받아쓰기는 정말 귀찮고 지겹다. 그러나 자신이 진짜 들리는 부분과 안 들리는 부분을 파악하는 제일 확실한 방법이기도 하다.

4. 자막을 켜고 나의 받아쓰기와 비교해 본다

처음에는 안 들리거나 잘못 들리는 부분이 많을 수도 있다. 그러나 절망하지 말자! 중요한 건 '왜 안 들리나'를 파악하는 것이다. 아는 단어지만 단어의 발음이 익숙하지 않아서 안 들리는 경우는 사전에서 원어민 발음을 반복적으로 들으며 익힌다. 단어의 뜻을 몰라서 안 들리는 경우라면 다음의 5번 방법으로 훈련하면 된다.

5. 새로운 단어와 표현을 정리한다

새롭게 알게 된 단어와 표현을 연습장에 정리한다. 영영 사전의 뜻과 예문, 발음을 같이 정리하는 것은 이제 반복하지 않아도 다 알 것이라고 생각한다. 미드를 통해 이미 어느 상황에서 쓰이는지가 파악이 되었기 때문에 더 쉽게 익힐 수 있다.

6. 받아쓰기 한 것을 낭독한다

이런 받아쓰기를 반복하다 보면 리스닝(Listening) 실력이 확실이 좋아질 것이다. 그 후에는 스피킹(Speaking)을 위해 말해 보는 것이 중요하다.

받아쓰기 한 내용을 문장 단위로 나누어서 여러 번 반복해서 낭독하자. 가능할 경우 쓴 내용을 보지 않고 낭독해 보면서 익히는 것이 좋다.

7. 녹음한다

제일 오글거리는 마지막 단계는 낭독한 것을 녹음하고 들어 보는 것이다. 그러면 발음의 잘못된 곳들도 보이고 실제 원어민 발음과 비교해서 들어 보면서 교정도 할 수 있다.

이렇게 여러 번 반복하면 영어 실력이 분명히 늘 것이다.

다시 한번 강조하지만 이 방법은 쉽지 않다. 어느 정도 리스닝 실력이 되는 사람들은 받아쓰기를 건너 뛰고 문장이 들리는 대로 섀도잉(Shadowing)을 하거나 스크립트를 찾아서 직접 말하는 것처럼 많이 낭독해 보는 것도 많은 도움이 될 것이다.

이렇게 연습한 내용들을 외국인과의 언어 교환(Language Exchange) 모임에 참여하여 활용해 보거나 한국인들끼리 스터디 그룹(Study Group)을 만들어 직접 말해 보고 연습하면 더할 나위 없는 공부법이 된다.

49. 위기를 간신히 모면했어
I dodged a bullet.

사용 빈도 ★☆☆☆☆ 난이도 ★★★☆☆

운 좋게도 안 좋은 상황이나 위기를 모면했을 때 우리는 **"위기를 간신히 모면했어"**라고 한다. 이럴 때 원어민들은 이런 비유적 표현을 쓴다.

"I dodged a bullet."

직역하면 "총알을 피했어"라는 뜻이다. **dodge**는 **LA dodgers**에 나오는 **dodge**와 같은 뜻으로 '피하다', '모면하다'의 뜻을 가진 동사이다. 총알을 피했다는 이미지를 떠올려 보면 큰 위기를 모면했다는 의미가 아주 잘 전달된다. 위기나 반갑지 않은 복잡한 상황들, 또는 다루기 어렵거나 안 좋은 사람들을 모면했을 때도 쓸 수 있다.

예문으로 익히기 

*I think we **dodged a bullet** here. We are good.*

위기 모면한 것 같아. 우리 괜찮아.

A: You know the guy that I dated for a little while? Turns out he is a total jerk.

전에 내가 잠깐 만났던 남자 있잖아. 알고 보니까 완전 나쁜 사람이었어.

*B: Good that you **dodged a bullet.***

피해서 다행이다.

영영 사전 들여다보기 

dodge a bullet [dɑdʒ eɪ ˈbʊlɪt] Ⓟ

manage to avoid a difficult or unwelcoming situation.

발음 Tip: 부정관사 a는 말할 때 [ə]로 발음되기 쉽다.

50. 속는 셈 치고 한번 믿어 보려고
I am going to give him the benefit of the doubt.

사용 빈도 ★★☆☆☆ 난이도 ★★★★★

예를 들어 어떤 직원의 능력이 의심은 되지만 결정적인 증거가 없거나 한 번 기회를 주고 믿어 보고 싶은 경우 **"속는 셈 치고 한 번 믿어 보려고"**, **"의심이 되어도 한 번 믿어 보려고"**라고 말하고 싶을 때 아주 알맞은 표현이다.

"I am going to give him the benefit of the doubt."

give ~ the benefit of the doubt은 '의심스럽더라도 반대 증거가 나올 때까지 믿어 보다'라는 뜻으로 '무죄 추정의 법칙'을 적용하는 것과 비슷하다. 남의 의도를 의심하지 않고 충분한 증거가 나오기 전까지 일단 믿어 보는 경우에 사용할 수 있다. 알아두면 정말 잘 사용할 수 있는 고급 표현이다.

예문으로 익히기

***Give** people **the benefit of the doubt** until and unless you are given a compelling evidence that this is not happening.*

의심이 되어도 확실한 증거가 나오기 전까지는 사람들을 한 번 믿어 봐.

A: He was late again.

쟤 또 늦었어.

*B: He said his car broke down. Let's **give** him **the benefit of the doubt.***

차 고장났다고 했어. 속는 셈 치고 한 번 믿어 보자.

영영 사전 들여다보기

the benefit of the doubt [ðə 'benəfɪt əv ðə daʊt]

a concession that a person or statement must be regarded as correct or justified, if the contrary has not been proven.

give ~ the benefit of the doubt
[gɪv ~ ðə 'benəfɪt əv ðə daʊt]

to decide that you will believe someone, even though you are not sure that what the person is saying is true.

51. 여기서부턴 내가 맡을게
I will take it from here.

사용 빈도 ★★★★☆ 난이도 ★★☆☆☆

다른 직원이 진행하던 업무를 이제 내가 이어 받아 진행해야 할 때 쓸 수 있는 표현이다.
"여기서부턴 내가 할게", 이렇게 표현해 보자.

"I will take it from here."

구어체 표현으로 큰 설명 없이 직역해도 이해가 되는 표현이다.
비슷하지만 약간 다른 표현에 **take it from there**이 있다. 예를 들어 다음 단계를 진행하기 전에 다른 사람의 결정이나 정보를 알아보고 그 후 그 상황에 맞게 진행해야 할 때 쓸 수 있다.

"We will take it from there."

there은 '거기'라고 직역되지만 여기서는 '미래에 일어날 그 상황'을 의미한다. "거기서부터 다시 진행하자", "그때 상황에 맞게 진행하자"라고 해석할 수 있다.

예문으로 익히기

*You **take it from here.***

여기서부턴 네가 맡아.

*Thanks for the report. Good work. I will **take from here.***

보고서 고마워. 수고했어. 여기서부턴 내가 맡을게.

*I just want to see what Keith says first and **take it from there.***

Keith 의견 먼저 들어보고 싶어. 그리고 그 후로 다시 진행하자.

*You bring her in quietly, find out what she knows and **take it from there.***

그 사람 조용히 불러서 뭘 알고 있는지 알아내 봐. 그리고 거기부터 다시 진행해.

영영 사전 들여다보기 

take it from here [teɪk ɪt fram hɪr] Ⓟ

to assume control of and continue the course of action begun by someone else.

take it from there [teɪk ɪt fram ðer] Ⓟ

to decide on or begin a new course of action from a specific point onward, typically after some other action or condition has occurred first.

52. 이 기세를 유지하자
Let's keep this momentum going.

사용 빈도 ★★★★★ 난이도 ★★★☆☆

어떤 일이 한참 잘되어 가고 있을 때 '추진력을 받다', '기세를 받다'라는 표현을 쓴다. 이런 상황에서 아주 잘 쓰일 수 있는 영어 표현이 있다.

"Let's keep this momentum going."

"이 기세를 유지하자"라는 뜻이다. **momentum**은 물리학에서는 운동량을 뜻하는 단어라고 한다. 일상생활에서는 어떤 일이 계속 잘되고 있는 상황에서의 '추진력', '기세'를 말한다. '추진력을 얻다' '기세를 받다'라는 표현은 **get/gain/gather/build momentum** 등으로 표현할 수 있다. 반대로 '추진력을 잃다'는 **lose momentum**이 된다.

추진력이 생긴 상태에서 '그 기세를 유지하다'라고 할 때는 **maintain the momentum, keep the momentum going**이라고 표현한다. 그리고 '그 기세를 몰아서 더 추진하다'라는 뜻의 **capitalize on momentum, use the momentum**이라고 말할 수 있다. **leverage**(지렛대를 이용하다)라는 동사를 써서 **leverage the momentum**이라고 할 수도 있다. **momentum**은 정말 자주 그리고 다양하게 쓰이는 단어이니 같이 사용할 수 있는 동사들과 함께 꼭 익혀 보도록 하자.

- get/gain/gather/build momentum: 추진력을 얻다, 기세를 받다
- lose momentum: 추진력을 잃다
- maintain the momentum/keep the momentum going: 기세를 유지하다
- capitalize on the momentum/use the momentum/leverage the momentum: 기세를 몰아서 더 추진하다

예문으로 익히기

BTS is really ***gaining momentum*** *in the US market.*

BTS는 미국 시장에서 추진력을 얻고 있어.

Our campaign is finally ***getting momentum****. Let's see what we can do to* ***keep the momentum going.***

우리 캠페인이 드디어 추진력을 얻고 있어. 이 기세를 유지하기 위해 어떻게 할지 생각해 보자.

My campaign ***has a little momentum.*** *So we are trying to capitalize on that by doing a focus group.*

내 캠페인이 조금 추진력을 얻고 있어. 그래서 그 기세를 몰아서 포커스 그룹 논의를 할 거야.

We need to shut them down before they ***get momentum.***

그들이 추진력을 얻기 전에 막아야 해.

영영 사전 들여다보기 

momentum [moʊˈmentəm] UN

if a process or movement gains momentum, it keeps developing or happening more quickly and keeps becoming less likely to stop.

Part 02의 마지막 표현이다. 지금까지의 기세를 몰아 Part 03으로 넘어가 보자.

Let's keep the momentum going and move on to Part 3 of the book!

PART

03

칼퇴를 부르는
어휘 & 표현

Part 03에서는 Part 02에서 다룬 문장들 외에 실제 회사에서 자주 쓰이는 기본적인 어휘나 표현을 정리해 보았다. 간단한 예문과 함께 영영 사전의 뜻도 포함되어 있으니 자신이 사용할 수 있는 상황을 떠올려 보고 '내 것'으로 만드는 연습을 해 보자.

1. good job/good work 수고했어

영어에서 우리말의 "수고했어"를 대신할 수 있는 표현에는 "Good job", "Great work", "Keep up the good work", "Keep at it" 등이 있다.

*It's **good work.** Keep at it.*

수고했어.

> **good job** [gʊd dʒɑb] ⓟ
>
> used for praising someone for something they have done well. Nice job, great job can be also used.

2. be mindful of ~ ~에 주의하다, 유념하다

*Please **be mindful of** time.*

시간에 유념해 주시기 바랍니다.

> **mindful** [ˈmaɪn(d)fəl] Ⓐ
>
> if you are mindful of something, you think about it and consider it when taking action.

3. laminate 종이를 코팅하다

*Can you **laminate** this paper for me?*

이 종이 코팅 좀 해 줄래?

laminate ['læmɪˌneɪt] ⓥ

overlay (a flat surface) with a layer of plastic or some other protective material.

4. make a copy of ~를 복사하다

*Can you **make 10 copies of** this for me?*

이거 10장만 복사해 줄래?

make a copy of ~ [meɪk eɪ 'kɑpi əv ~] ⓥ

if you make a copy of something, you produce something that looks like the original thing.

5. go above and beyond one's call of duty(ability)

주어진 이상의 일을 하다, 자신의 역할 이상의 일을 하다

go beyond ~는 '~을/를 초월하다', '~을/를 넘어서다'라는 뜻이다. 여기에 더해서 **go above and beyond one's ability(call) of duty**라고 하면 자신의 능력이나 임무 밖의 일을 했다는 뜻이 된다. 간단하게 "Go above and beyond"라고도 흔히 말한다.

*He truly deserves a promotion. He **went above and beyond**.*

그는 정말로 승진할 만해요. 그는 주어진 이상의 일을 했어요.

I went above and beyond my ability.

나는 내 능력 밖의 일을 했어요.

go above and beyond [goʊ ə'bʌv ænd bɪ'jand] P

to act in a way that exceeds expectations or requirements.

6. push the envelope

한계를 초월하다, 정말 최선을 다하다

5번과 비슷한 표현으로, 자신의 한계를 넘어 최선을 다한다는 말을 할 때 자주 사용되는 표현이다.

*She really **pushed the envelope**.*

그녀는 정말 최선을 다했어요.

*You need to **push the envelope** further.*

더 열심히 해야 해.

push the envelope [pʊʃ ði en'veləp] Ⓟ

to behave in more extreme ways, or to try new things that have not been acceptable or tried before.

7. give credit 공을 인정하다, 칭찬하다

*I would like to **give credit** to everyone involved in this project.*

이 프로젝트에 관여한 모든 사람의 공을 인정하고 싶어.

*You need to **give** yourself more **credit** for this.*

이것에 대해 너 스스로를 좀 더 칭찬할 필요가 있어.

> **give credit** [gɪv 'kredɪt] Ⓟ
>
> to give someone praise or recognition.

8. deserve credit
공로를 인정받을 필요가 있다. 칭찬받을 자격이 있다

*He definitely **deserves credit** for giving it a try.*

그 사람은 그걸 시도한 것에 대해서 칭찬 받을 만해.

> **deserve credit** [dɪ'zɜrv 'kredɪt] Ⓟ
>
> to be worthy of recognition, praise, thanks.

9. get ~ nowhere 진전이 없다, 도움이 되지 않다

*This is **getting** us **nowhere.***

이건 우리에게 아무런 도움이 되지 않아요.

> **get nowhere** [get ˈnoʊˌwer] Ⓟ
>
> If you say that you are getting nowhere, or that something is getting you nowhere, you mean that you are not achieving anything or having any success.

10. escalate 상부에 보고하다

'보고하다'는 **report**를 흔히 쓴다. **escalate**은 특히 '어떤 문제를 해결하기 위해 상부에 보고하다'는 뜻이 강하다.

A: There is nothing else we can do about this.

우리가 더 이상 할 수 있는 게 없어.

*B: Let's **escalate** this issue to the corporate and see what they say.*

우선 본사에 보고하고 뭐라고 하는지 지켜보자.

> **escalate** ['eskəˌleɪt] ⓥ
>
> to involve someone more important or higher in rank in a situation or problem.

11. keep ~ posted/keep ~ in the loop

추후 상황에 대해 알려 주다/계속적으로 보고하다

*A: Please **keep** me **posted** on the progress.*

진전 상황에 대해서 알려 줘.

B: Sure, I will cc[11] *you on future emails.*

응, 추후 이메일에 참조할게.

*I will **keep** you **posted** on this.*

이거 추후 상황에 대해 알려 줄게.

Keep** me **in the loop.

추후 상황에 대해서 지속적으로 보고해 줘.

---

11 'cc'는 'carbon copy'의 줄임말로 이메일에서 '참조'라는 뜻이다. 동사로도 쓰여서 '참조하다'라는 뜻이 되며 'copy'라고 표현하기도 한다.

keep ~ posted [kip ~ poʊstɪd] ⓟ

if you keep someone posted, you keep giving them the latest information about a situation that they are interested in.

keep ~ in the loop [kip ~ ɪn ðə lup] ⓟ

to keep someone informed about and/or involved in something, such as a plan or project.

12. bring something to the table 기여하다

*Maybe he can **bring something** different **to the table.***

그가 다른 방식으로 기여할지도 몰라.

bring ~ to the table [brɪŋ ~ tu ðə 'teɪb(ə)l] ⓟ

to provide something that will be a benefit.

13. a seat at the table 임원진 등 결정권이 있는 높은 자리

*He always wanted **a seat at the table.***

그 사람은 항상 높은 자리를 가지고 싶어 했어.

a seat at the table [eɪ sit ət ðə 'teɪb(ə)l] Ⓟ

a position as a member of a group that makes decisions.

14. one's area of expertise ~의 전문 분야

*This is **my area of expertise.***

이게 제 전문 분야에요.

one's area of expertise [wʌnz 'eriə əv ˌekspər'tiz] Ⓟ

The subject area a person knows a lot about.

15. wear many hats 다양한 역할을 하다

한 사람이 다양한 역할을 하거나 다른 분야에 있는 여러 업무를 맡을 때 사용할 수 있는 표현이다. **wear a lot of hats**라고 하기도 한다.

*She **wears many hats.***

그녀는 하는 역할이 많아.

A: He is the actor and the director of this movie. He even co-wrote the script, too.

그 사람은 이 영화의 배우면서 감독이기도 해. 심지어 스크립트도 같이 썼대.

*B: Wow, he **wears many hats.***

와, 하는 역할이 많네.

wear many hats [wer 'meni hæts] Ⓟ

to have different roles or tasks to perform.

16. connect the dots

여러 요소를 모두 연결하여 큰 그림을 이해하다, 결론을 도출하다

To lead this project, you need an ability to ***connect the dots.***

이 프로젝트를 이끌기 위해서는 여러 요소들을 연결하여 이해할 수 있는 능력이 필요해.

connect the dots [kə'nekt ðə dɑts] Ⓟ

to understand something by piecing together hints or other bits of information.

17. on a related note 비슷한 맥락에서

On a related note, *can we discuss how we can better manage our inventory?*

비슷한 맥락에서, 어떻게 재고 관리를 더 잘할 수 있을지 의논해 볼까요?

on a related note [ɑn ə rɪ'leɪtəd noʊt] Ⓟ

on a similar subject.

18. read between the lines

행간의 의미를 파악하다, 숨어 있는 의도를 파악하다

어찌 보면 **take ~ at face value**에 반대되는 표현으로, '표면적인 말에 숨겨진 의미를 파악한다'는 말이다. 회의를 하다 보면 굉장히 직설적인 사람이 있는 반면, 돌려 말하거나 은유적으로 표현하는 사람도 있다. 그럴 때는 You gotta[12] read between the lines!

*With him, it is important to **read between the lines.***

그 사람과 이야기할 때는 행간의 의미를 잘 파악해야 해.

> **read between the lines** [rid bɪ'twin ðə laɪnz] Ⓟ
>
> to try to understand someone's real feelings or intentions from what they say or write.

---

12 'have to'의 구어체 표현.

19. for the record 분명히 말해 두자면

For the record, *he was the one who dropped the ball.*

분명히 말해 두자면, 실수를 한 건 그 사람이야.

for the record [fɔr ðə ˈrekərd] (P)

if you say that what you are going to say next is for the record, you mean that you are saying it publicly and officially and you want it to be remembered.

20. lay out ground rules 기본적인 규칙을 정립하다

We need to ***lay out*** *some* ***ground rules*** *before we kick start this squad.*

이 스쿼드를 시작하기 전에 기본적인 규칙을 정립할 필요가 있어.

ground rules [graʊnd rulz] (PN)

the ground rules for something are the basic principles on which future action will be based.

21. have bigger fish to fry 생각할 더 중요한 일이 있다

여기서 **fish**는 셀 수 없는 명사인 것에 주의하자.

*Let's forget about small details. We **have bigger fish to fry.***

사소한 세부 사항은 그냥 넘기자. 더 중요한 것들 생각할 거 많잖아.

> **have bigger fish to fry** [hæv bɪgər fɪʃ tu fraɪ] ⓟ
>
> to have more important things to do.

22. downsize (회사의) 규모를 축소하다, 구조조정하다

*The corporate has decided to **downsize** our branch.*

본사에서 우리 지사의 규모를 축소하기로 결정했어.

> **downsize** ['daʊnˌsaɪz] ⓥ
>
> to make a company or organization smaller by reducing the number of workers.

23. on the same page

같은 시각(의견)을 가지고 있다, 이해 정도가 같다

*Let me recap what we have discussed so far to make sure that everyone is **on the same page.***

모두가 이해하는 게 같은지 확인하기 위해 지금까지 논의한 사항 다시 정리해 볼게.

be on the same page [bi ɑn ðə seɪm peɪdʒ] Ⓟ

in agreement about what you are trying to achieve.

24. make progress in~ ~에 진전을 보이다

make progress는 '진전을 보이다'라는 뜻이며 **progress** 앞에 형용사를 붙여서 말할 수 도 있다. **progress**는 셀 수 없는 명사인 것에 주의하자.

*We are **making progress.***

진전이 되어 가고 있어요.

*It seems like you **made** significant **progress** in this project.*

이 프로젝트는 진전이 상당히 많이 된 것 같네요.

make progress [meɪk ˈprɑgrəs] Ⓟ

to move forward in one's work or activity.

25. make a breakthrough 돌파구를 찾다

*I am really happy that we **made a breakthrough** today.*

오늘 돌파구를 찾아서 정말 기쁩니다.

make a breakthrough [meɪk eɪ ˈbreɪkˌθru] Ⓟ

to make an important discovery or event that helps to improve a situation or provide an answer to a problem.

26. mutually exclusive 상호 배타적인

A와 B라는 의견이 있을 때, A를 선택하면 B를 선택할 수 없거나 A와 B의 공통분모가 없는 경우, 수학적으로 말하면 부분집합이 아무것도 없는 경우를 상호 배타적이라고 한다. 영어로 고급스럽게 표현하고 싶다면 **mutually exclusive**라고 해 보자.

A: You chose Option A. Does this mean you are against Option B?

당신은 옵션 A를 선택하셨네요. 그럼 옵션 B에 반대한다는 뜻인가요?

B: Not necessarily. I don't think those are ***mutually exclusive.***

꼭 그렇지만은 않습니다. 두 옵션이 상호 배타적이지 않다고 생각해요.

mutually exclusive ['mjutʃuəli ɪk'sklusɪv] Ⓟ

if two things are mutually exclusive, they are separate and very different from each other, so that it is impossible for them to exist or happen together.

27. put ~ into perspective/put ~ in context

맥락에 넣다, 다른 관점에서 보다

예를 들어 어느 곳의 면적이 14,000㎡라고 하면 잘 와닿지 않지만 '이것은 축구장의 두 배의 면적이다'라고 하면 확 와닿는 경우가 있다. 이런 종류의 설명을 추가할 때 **To put it into perspective**로 시작할 수 있다.

A: We sold 720 cars last month. ***To put it into perspective,*** *this means we sold a car every hour.*

지난달에 차량 720대를 팔았습니다. 다른 관점에서 보자면, 이건 우리가 매 시간마다 차 한 대를 팔았다는 것을 의미합니다.

B: That is a significant achievement!

엄청난 성과군요!

put ~ into perspective [pʊt ~ ˈɪntu pərˈspektɪv] Ⓟ

to compare something with a similar thing to give a clearer, more accurate idea.

put ~ into context [pʊt ~ ˈɪntu ˈkanˌtekst] Ⓟ

if something is seen in context or if it is put into context, it is considered together with all the factors that relate to it.

28. above one's paygrade ~의 권한 밖인

A: Can we make a conclusion now?

지금 결론을 내릴 수 있을까요?

*B: It's **above my paygrade.** I need to consult my line manager.*

이건 내 권한 밖이에요. 제 직속 상사에게 상의해야 해요.

above one's paygrade [əˈbʌv wʌnz ˈpeɪˌgreɪd] Ⓟ

the responsibility of those who are of a higher authority than oneself, denoted by the level of pay that one receives in comparison to one's superiors.

29. put ~ in charge ~에게 책임을 맡기다

A: He is out of town until next week. Who's gonna[13] take the lead on this project?

그는 다음주까지 나가 있어요. 이 프로젝트 누가 리드할 건가요?

*B: He **put** me **in charge** to lead the project.*

그가 저에게 프로젝트를 이끌도록 책임을 맡겼어요.

비슷하게 **Be in charge of ~**라고 하면 '~를 맡고 있다'라는 뜻이 된다.

put ~ in charge [pʊt ɪn tʃardʒ] Ⓟ to make someone responsible for something or someone.

30. get back to ~ ~에게 다시 연락하다

참고로 **get back at ~**는 '~에게 복수하다'라는 뜻이 되니 주의하도록 하자.

*Sorry, I didn't **get back to** you sooner.*

더 빨리 다시 연락 못 해서 미안해.

13 'going to'의 구어체 표현.

이메일에서는 '답장하다'라는 뜻으로 이렇게 사용할 수도 있다.

Sorry for the delay in ***getting back to*** *you.*

답장이 늦어서 미안해.

get back to ~[get bæk tu] PV

to contact someone later to give a reply or return a message.

31. come around (자신의) 의견을 바꾸다

A: He initially disapproved of it but he ***came around****.*

그는 이것에 대해 의견을 바꿨어요

B: That's awesome!

완전 좋네요!

come around [kʌm əˈraʊnd] PV

if you come around or come round to an idea, you eventually change your mind and accept it or agree with it.

32. turn out well (결과물이) 잘 나오다

well 대신에 다른 부사를 사용해도 된다. **turn out** 뒤에는 사실 부사가 들어가야 하지만 구어체에서는 형용사를 붙이는 경우가 많다.

*A: It **turned out well.***

그거 잘 나왔네요.

*B: I am really happy with the way it **turned out.***

제가 원하는 대로 나왔어요.

또한 사진에 누가 잘 나왔다고 할 때도 같은 표현을 쓸 수 있다.

*A: Wow, you **turned out** amazing in this picture.*

와, 이 사진 진짜 잘 나왔네요.

B: You think so?

그렇게 생각해요?

반대로 잘 안 나왔다고 하고 싶을 때는 이렇게 표현하면 된다.

*It **didn't turn out** as I wanted.*

제가 원하는 대로 나오지 않았어요.

turn out [tɜrn aʊt] PV

to happen in a particular way or to have a particular result.

33. give a pitch/make a pitch 발표하다

보통 누군가를 설득시키기 위한 발표나 제품 홍보를 위한 발표를 하는 것을 말하다.

*She **gave a** compelling product **pitch.***

그녀가 설득력 있는 제품 발표를 했어요.

make a pitch [meɪk eɪ pɪtʃ] ⓟ

to make a presentation to influence others to support, purchase, or agree to something.

34. deliver a speech 연설하다

*He **delivered an** eloquent **speech.***

그는 설득력 있는 연설을 했어요.

*Kate will be **delivering a speech** at the inaugural ceremony.*

Kate는 취임식에서 연설을 할 거야.

deliver a speech [dɪ'lɪvər eɪ spitʃ] ⓟ

to make a speech to a lot of people or in public.

35. resonate with ~ ~의 반향을 일으키다, ~에 와닿게 하다

He gave a speech that ***resonated with*** *a lot of people.*

그는 많은 사람에게 와닿는 연설을 했어요.

> **resonate with** ~['rezəˌneɪt wɪð ~] V
>
> you say that something resonates with someone, when it produces or evokes an appealing feeling of familiarity in someone.

36. work in silos (다른 부서들과 대화 없이) 따로따로 일하다

A: We should not ***work in silos.***

우리는 따로따로 일하면 안 됩니다.

B: Let's break down the silos.

부서 간 벽을 허뭅시다.

> **work in silos** [wɜrk ɪn 'saɪloʊz] P
>
> to work in an isolated grouping, department, etc., that functions apart from others especially in a way seen as hindering communication and cooperation.

37. get(step) out of comfort zone

안주하는 자세에서 벗어나다

*Have you ever tried to **get out of** your **comfort zone?***

안주하는 것에서 벗어나려고 노력해 본 적 있어?

comfort zone ['kʌmfərt zoʊn] CN

a settled method of working that requires little effort and yields only barely acceptable results.

get/step out of comfort zone

[get/step aʊt əv 'kʌmfərt zoʊn] P

to do things that you don't feel comfortable with doing or do not make you feel secure, comfortable, or in control.

38. challenge the status quo

기존 방식에 의문을 제기하다, 현 상황에 이의를 제기하다

the status quo는 '현재 상황', '기존 방식'을 뜻하는 단어로 **maintain the status quo**(**현 상황을 유지하다**) 또는 반대로, **challenge the status quo** 등의 표현으로 쓸 수 있다. 보통 회사에서 기존의 방식에서 탈피하고 새로운 방식을 찾자고 할 때 많이 쓰는 표현이다.

In order for us to take the business to the next level, we need to ***challenge the status quo*** *and get out of the comfort zone.*

우리 비즈니스를 다음 단계로 가져가기 위해서는 기존 방식에 의문을 제기하고 안주하는 자세에서 벗어나야 해.

challenge the status quo

['tʃælɪndʒ ðə ˌsteɪtəs 'kwoʊ] ⓟ

to behave or do something in a way contrary to that which is generally accepted or expected. It can be risky, but challenging the status quo can be a great way to get ahead in business.

39. play catch-up (뒤늦게) 따라가다, 쫓아가다

catch up에는 동사로 '근황을 파악하다'라는 뜻도 있지만 **play catch-up**은 기업들 또는 누군가가 혁신이나 트렌드를 주도 하지 않고 뒤처져 있다가(Fall behind) 뒤늦게 선구자 또는 선두 기업들을 따라간다고 말할 때 쓸 수 있는 표현이다.

반대말로는 **pioneer(선구하다)**, **trailblaze(개척하다)**라는 뜻의 동사들이 있고 '앞서가다'라는 표현의 **be ahead of the curve/game**도 자주 쓴다.

*A: They are always ahead of the curve and we always **play catch-up.***

그들은 항상 선두에 있고 우리는 항상 뒤늦게 따라가려고 해요.

B: I agree.

동의해요.

play catch-up [pleɪ kætʃʌp] Ⓟ

to try to reach the same position, score, etc., as a competitor after one has fallen behind.

40. test the water

본격적인 시작 전에 실험해 보다/반응을 살펴보다

*We can **test the water** with a beta version.*

베타 버전으로 먼저 실험을 해 볼 수 있어.

*Why don't we run this new initiative with one department to **test the water?***

부서 한 군데만 먼저 이 새로운 방법으로 해보고 반응을 살펴보는 것 어때?

test the water [test ðə 'wɔtər] Ⓟ

if you test the water or test the waters, you try to find out what reaction an action or idea will get before you do it or take further actions.

41. go over someone's head ~를 건너뛰다

누군가 어떤 문제가 있을 때 상대방과 직접 논의하지 않고 상대방의 상사에게 문제를 전달하고 이야기하는 것을 의미한다. 직역하면 '~의 머리를 넘어가다'라는 뜻으로 '~를 건너뛰고 상사에게 직접 보고하다'라는 정도로 해석할 수 있다.

A: This customer is giving me a hard time. She ***went over my head*** *and took her complaint directly to the General Manager.*

이 고객은 저를 너무 힘들게 해요. 저를 건너뛰고 사장한테 바로 불평했어요.

B: It's going to be ok. He knows how hard you worked for this issue.

괜찮을 거야. 사장님이 너 이 문제 해결하려고 얼마나 열심히 했는지 알잖아.

go over someone's head [goʊ 'oʊvər 'sʌmwʌnz hed] Ⓟ

to take up an issue with another person's boss or other superior rather than beginning or continuing to deal with the original person.

42. it's not rocket science 그렇게 어려운 게 아니야

직역하면 "로켓 만드는 기술이 필요한 일이 아니야"라는 재미있는 표현이다. 이 표현은 원어민들이 흔히 "그렇게 어려운 게 아니야"라는 뜻으로 자주 쓰는 표현이다.

rocket science는 셀 수 없는 명사이다.

It's not rocket science. *Anyone can do it.*

그렇게 어려운 게 아니야. 누구나 할 수 있어.

> **rocket science** ['rakɪt 'saɪəns] UN
>
> if you say that something is not rocket science, you mean that you do not have to be clever in order to do it.

43. until further notice 추후 공지까지는

This plan is on hold ***until further notice.***

추후 공지가 있기까지 이 계획은 보류야.

> **until further notice**[ən'tɪl 'fɜrðər 'noʊtɪs] P
>
> until someone announces that a situation has changed or no longer exists.

44. statistically significant 통계적으로 의미가 있는

어느 연구나 임상실험 등의 결과를 이야기할 때 자주 쓰이는 표현으로 실험의 규모가 커서 그 결과가 통계적으로 의미가 있다는 뜻이다. 또는 하나의 결과가 전체 통계 자료에 큰 영향을 주지 못할 때 **not statistically significant**라고 할 수 있다. 명사형으로 **statistical significance**로도 쓰인다.

The pool size is too small. I am not sure if this can give us an outcome that is ***statistically significant.***

설문 집단 크기가 너무 작아. 통계적으로 의미가 있는 결과가 나올지 잘 모르겠어.

statistically significant [stə'tɪstɪk(ə)li sɪg'nɪfɪkənt] Ⓟ

when a statistic is significant, it simply means that you are very sure that the statistic is reliable. It doesn't mean the finding is important or that it has any decision-making utility.

45. conflict of interest 이해관계의 충돌

예를 들어 인터뷰어(Interviewer)가 인터뷰이(Interviewee)의 친인척인 경우, 사적인 감정으로 정확한 판단을 못할 수 있다. 이런 상황 또는 일반적으로 '어떤 공적인 자리의 결정이나 행동에서 사적인 이익을 얻을 수 있는 바람직하지 않은 상황'을 **conflict of interest(이해관계의 충돌)**이라고 표현한다.

*You can't hire your family members due to a **conflict of interest.***

이해관계의 충돌 때문에 가족을 고용할 수 없어.

conflict of interest [ˈkɑnˌflɪkt əv ˈɪntrəst] Ⓟ

a situation in which a person is in a position to derive personal benefit from actions or decisions made in their official capacity.

46. low-hanging fruit

난이도가 낮거나 결과를 쉽게 달성할 수 있는 일이나 목표

low-hanging fruit을 직역하면 '낮게 달려 있는 과일'인데 '비교적 난이도가 낮거나 결과를 단기간에 또는 쉽게 달성할 수 있는 일'을 의미한다. '달성하기 쉬운 것부터 하다'는 **pick low-hanging fruit first**라고 표현한다.

low-hanging fruit은 셀 수 없는 명사(Uncountable Noun)로 취급되는 것을 유념하자.

*It's super **low-hanging fruit.** Let's do this first.*

이거 정말 달성하기 쉬운 거야. 이것부터 하자.

*While we have our long-term goals, let's not forget to **pick some low-hanging fruit** along the way.*

장기적인 목표를 생각하는 동시에 쉽게 달성할 수 있는 것들을 잊지 말자.

low-hanging fruit [loʊ 'hæŋɪŋ frut] UN

something that can be achieved very easily.
The obvious or easy things that can be most readily done or dealt with in achieving success or making progress toward an objective.

47. work in progress 진행 중인 일, 미완성인 일

'~는 진행 중이야'라는 뜻으로 **~ be in progress**라고도 쓴다.

A: Is this the final version?

이게 최종 버전이야?

B: No, it is still ***a work in progress.***

아니 아직 미완성이야.

It is still ***in progress.***

아직 진행 중이야.

work in progress [wɜrk ɪn ˈprɑgrəs] ⓟ

an unfinished project that is still being added to or developed.

in progress [ɪn ˈprɑgrəs] ⓟ

if something is in progress, it has started and is still continuing. happening, or being done.

48. due diligence 철저한 조사

다른 회사와 파트너십(Partnership)을 체결하거나 합병하는 등의 결정을 하기 이전에 그 회사 재정이나 비즈니스에 대해 철저히 조사하는 것을 말한다.

그 외에도 사람을 고용하기 전 레퍼런스 체크(Reference Check) 등 상대방에 대해 충분히 알아보는 것, 또는 물건을 사기 전에 철저히 조사하는 것도 **due diligence**라 할 수 있다.

They should have done ***due diligence*** *before acquiring this company.*

이 회사 합병 전에 철저히 조사를 했어야 해.

due diligence [ˌdu ˈdɪlɪdʒ(ə)ns] UN

1. the detailed examination of a company and its financial records, done before becoming involved in a business arrangement with it.
2. the process of carefully examining something or someone, especially before agreeing to buy it or employ them or before advising someone else to buy it or employ them toward an objective.

49. reinvent the wheel

이미 있는 걸 처음부터 새로 만드느라 시간/노력을 낭비하다

직역하면 '바퀴를 재발명하다'라는 뜻으로 부서 간에 공유가 안 되어 계획이나 시스템 등이 이미 만들어져 있는 것을 모르고 다른 부서에서 다시 만드는 상황에서 쓸 수 있다.

I don't want to ***reinvent the wheel*** *here.*

다시 만드느라 시간을 낭비하기 싫어.

I would like to foster sharing and communication across different departments so we do not need to ***reinvent the wheel.***

부서 간의 공유와 소통을 활발히 하여 이미 만들어진 것을 다시 만드느라 시간을 낭비하는 일을 방지하고 싶습니다.

reinvent the wheel [ˌriɪn'vent ðə wil]

To waste a great deal of time or effort in creating something that already exists..

50. sanity check/pulse check 중간 점검

sanity check은 프로젝트 중간에 방향성이나 가정(Assumption) 등이 올바른지 점검할 때 쓰인다. **pulse check**은 직역하면 '맥박 재기'라는 뜻으로 주로 진행되는 프로젝트나 이벤트 중간에 참여자들의 소감이나 느낀 점 등을 점검하는 것을 말한다. 직원들의 만족도 조사 등에도 사용할 수 있는 단어다. **do a sanity check, take the pulse** 등으로 사용할 수 있다.

*Let's **do a** quick **sanity check** before we move further on.*

더 진행하기 전에 간단하게 중간 점검 하자.

*I would like to quickly **take the pulse**. Is everyone following me?*

잠깐 중간 점검 하고 싶어. 모두 진행 속도에 잘 따라오고 있어?

sanity check ['sænəti tʃek] CN

the act of checking that something does not contain elementary mistakes or impossibilities, or is not based on invalid assumptions.

take the pulse [teɪk ðə pʌls] P

to sense, determine, or judge the mood, feeling, or status of a particular group, setting, or environment.

51. at the last minute 막판에

일을 하다 보면 막판에 회의가 취소되는 경우들도 있고, 결정이 바뀌는 경우도 있다. '막판에'는 **at the last minute**이라고 표현할 수 있다. **last minute**을 직역하면 '마지막 분'이라는 뜻으로 우리나라 말의 '막판'에 알맞은 말이다.

'아주 막판에'라고 더 강조를 하고 싶다면 **last** 앞에 **very**를 써서 **at the very last minute**이라고 할 수도 있다.

Sorry for changing the schedule ***at the last minute.***

막판에 스케줄을 바꿔서 미안해.

Something came up ***at the last minute.***

막판에 무슨 일이 생겼어.

We got his buy-in ***at the very last minute.***

그의 동의를 완전 막판에 받았어.

> **at the last minute** [æt ðə læst ˈmɪnɪt] Ⓟ
>
> at the last possible chance; in the last few minutes, hours, or days. (Often an exaggeration.)

52. technically 엄밀히 따지면

technically는 원어민들이 정말 자주 쓰는 부사 중 하나다. 문자 그대로 '기술적으로'라는 뜻도 있지만 많은 경우에 '엄밀히 말하면', '엄밀히 따지면', '따지고 보면'이라는 뜻으로 쓰인다. 원어민들이 정말 흔하게 쓰는 부사임에도 언제 쓰이는지 감을 잡기 쉽지 않다는 질문을 받은 적이 있다. '기술적으로'라는 뜻과 연결해서 '기술적으로 면밀히 따져보면'이라고 이해하면 받아들이기 쉽다.

A: You are 1 minute late!

너 1분 늦었어!

*B: Well, **technically** I am not. I put my foot in the room and then it turned 1:01.*

엄밀히 말하면 아니야. 나 발 들어오고 나서 1시 1분 됐어.

A: I heard you and Tom broke up.

너랑 Tom 헤어졌다면서.

*B: **Technically,** he ghosted me.*

엄밀히 말하면 걔가 잠수 탄 거지.

상황에 따라 '엄밀히 따지면 그렇지만 사실 현실적으로 별 의미가 없다'라는 의미를 품고 있는 경우도 있다.

A: So you still don't have the client.

그러니까 너 아직 계약 못 딴 거지.

*B: **Technically** no, but they will hire us once they see our final proposal.*

엄밀히 따지면 아닌데, 우리 최종 제안서 보면 바로 계약할 거야.

여기서의 **technically**는 엄밀히 말하면 계약서에 사인은 안 해서 계약을 안 한 것이 맞지만 거의 우리 고객이나 다름이 없다는 뜻이 함축되어 있다.

명사형으로 **technicality**도 자주 쓰인다. 특히 누군가가 사소한 세부 사항을 따져서 어떤 잘못이나 불법 행위에 저촉되는 것을 빠져나가려고 할 때 쓰인다.

*Don't try to get away from this based on a **technicality!***

그렇게 세부적인 내용 따져서 빠져나가려고 하지 마!

technically ['teknɪkli] AD

according to the facts or exact meaning of something; strictly.

참고 자료

https://www.macmillandictionary.com

https://www.definitions.net

https://dictionary.cambridge.org/dictionary/english

https://www.collinsdictionary.com

https://www.thefreedictionary.com

https://www.phrasemix.com/phrases

https://www.merriam-webster.com/dictionary

https://www.urbandictionary.com

https://dict.naver.com